에스겔서 강해설교

폐허를 덮는 환상

환상

일러두기

● 이 책은 강선, 서정걸, 윤철규, 세 목사가 2018년 7월 1일부터 2019년 3월 3일까지
남포교회 청년부 주일예배 시간에 설교한 에스겔서 강해를 글로 펴낸 것입니다.
● 이 책에서는 개역개정판 성경을 인용하였습니다.
● 성경을 인용할 때, 절의 전체를 인용한 경우에는 큰따옴표(" ")로,
절의 일부를 인용한 경우에는 작은따옴표(' ')로 표기하였습니다.
● 본문에 《 》로 표기된 것은 도서를, 〈 〉로 표기된 것은 도서 외 작품을 가리킵니다.

폐허를 덮는 환상 — 환상

2021년 11월 30일 초판 1쇄 인쇄
2021년 12월 15일 초판 1쇄 발행

지은이 강선, 서정걸, 윤철규
기획 강동현
편집 문선형, 정유진
디자인 잔
마케팅 강동현
경영지원 김내리
펴낸이 최태준
펴낸곳 무근검
주소 서울특별시 송파구 올림픽로 4길 17, A동 301호
홈페이지 www.facebook.com/lampbooks **전화** 02-420-3155 **팩스** 02-419-8997
등록 2014. 2. 21. 제2014-000020호
ISBN 979-11-87506-72-0 04230
ISBN 979-11-87506-71-3 04230(세트)

무근검은 남포교회출판부의 새로운 이름입니다.
무근검은 '하나님의 영광은 무겁고 오래된 칼과 같다'라는 뜻입니다.

에스겔서 강해설교

폐허를 덮는 환상

환상

강선
서정걸
윤철규

——

내가 그발 강 가 사로잡힌 자 중에 있을 때에 하늘이 열리며
하나님의 모습이 내게 보이니

겔 1:1

이 책은 제 다음 세대들의 에스겔 설교입니다. 남포교회 부목사로서 저에게 도전과 영향을 받은, 더 나은 미래를 책임진 설교자들의 작품입니다.

설교는 본문을 해석하고 선포하며, 현실에 대한 통찰과 신앙의 분별과 책임을 설명하는 것입니다. 오늘을 살아가는 이들과 함께 말씀 앞에 서서, 말씀이 가리키는 방향을 제시해 주고 성경을 각자의 삶으로 이해하게 하여, 그들에게 맡겨진 시간을 힘 있게 살아 낼 수 있도록 고민한 흔적이 이 설교집에 담겨 있습니다.

한국 교회는 지금 부흥 시대 이후를 살아가고 있습니다. 그 시대를 돌아볼 때면, 하나님의 일하심이 뚜렷이 떠올라 마음이 벅차오릅니다. 참으로 감사한 일이 많았습니다. 그러나 부흥 시대에 매여, 그 시대를 지나온 오늘의 현실을 그때의 감격과 기쁨으로 다시 돌려놓으려는 것은 역사에 대한 무지요, 기만일 것입니다. 우리가 누린 부흥은 새로운 차원으로 도약하기 위한 것이기 때문입니다.

우리는 언제나 새로운 시대를 맞습니다. 새로운 시대에 과거의 경험과 유산은 결론이 아니라, 현재의 전제요, 출발점이 됩니다.

언제나 우리는 새로운 현재의 도전과 시험 앞에 서는 것입니다.

현실적 도전과 시험은 우리에게 과거의 결론을 넘어서는 답을 요구합니다. 그러니 좋았던 시절을 추억하며 이미 확보한 답에 머물러 안주해서는 안 됩니다. 한국 교회는 미래를 위한 도전을 받아들여 용기를 내야 합니다. 하나님은 언제나 창조와 부활의 주인이시기 때문입니다.

에스겔을 통해 나타나신 하나님은 우리의 기대와 상상을 뛰어넘어 말씀하십니다. 에스겔이 보게 된 환상은 현실보다 더 분명하게 오늘에 담긴 하나님의 계획과 작정을 드러냅니다. 이 환상은 늘 과거로 돌아가서 답을 찾으려는 우리를 이끌어 창조와 부활의 세계에 이르게 합니다. 하나님은 언제나 우리가 그려 내는 현재와 미래를 넘어서서 일하시며, 우리를 당신의 끊임없는 창조의 세계로 데려가기 원하십니다. 이 사실을 믿음으로 고백하며 오늘을 넉넉히 살아 내기 바랍니다.

박영선 | 남포교회 원로 목사

그동안 구약 예언서에 대한 설교는 많이 부족했다. 예언서의 내용 자체가 난해하고 그 메시지도 청중이 이해하기에 부담스러운 부분이 적지 않아서, 예언서는 강단에서 충분히 전해지지 못한, 잊힌 책이 되어 버린 것 같다.

사실 예언서의 내용을 제대로 파악하는 일은 쉬운 작업이 아니다. 구약의 예언은 미래를 점치는 '예언'(豫言)이 아니고, 그 시대를 해석하는 하나님으로부터 맡겨진 '예언'(預言)이다. 따라서 예언은 특정한 사람들에게, 특정한 시기에, 특정한 사람을 통하여 하나님이 주신 말씀이다. 각각의 예언서를 이해하려면 역사적 배경을 비롯하여 각 예언자의 독특한 사상과 언어 양식 등 기본적으로 알아야 할 전문 지식이 적지 않다.

이 책은 예언서 가운데서도 난해하다고 알려진 에스겔서를 강해한 책이다. 이 책은 세 명의 젊은 목회자들의 작품이라 믿어지지 않을 정도로, 방대한 학문적 전문성과 노련한 설교적 대중성을 골고루 갖춘 역작이다. 바빌로니아에서의 일차적 의미와 오늘날 허락된 의미를 잘 추출하여, 마치 에스겔 예언자가 한국 강단에 초청되어 한국 교회를 향하여 외치고 있는 것 같다. 에스겔의 메시지를 듣고 싶은 이들에게 기꺼이 추천한다.

차준희 | 한세대학교 구약학 교수, 한국구약학연구소 소장

본서에 담긴 서른네 편의 설교는 적절하고 면밀한 주해, 효과적인 전달, 적합한 적용의 삼박자를 잘 갖추고 있습니다. 이 책에서 가장 주목할 만한 장점은 현대 독자들이 에스겔서를 읽고 이해할 수 있도록 선지자 에스겔을, 하나님을, 그리고 하나님이 에스겔을 통해 전하신 말씀을 생생하게 살려 낸 점입니다. 쉬운 언어를 사용하고 적절한 예를 들어 설명하기 때문입니다.

책에 나온 설교들은 독자로 하여금 유다 말기에 에스겔 선지자가 멸망의 위기 앞에 있던 유다 백성과 포로지에 끌려와 희망을 잃고 좌절 가운데 있던 이들에게 전한 메시지를 또렷이 듣게 합니다. 더 나아가 그 메시지가 현재 나에게 어떤 의미로 다가오는지를 확인할 수 있게 합니다.

읽기 어려워 구약 시대 백성들에게 전한 메시지로만 생각했던 선지서가 오늘 하나님의 백성으로 살아가는 나에게도 반드시 필요하고 소중한 말씀이라는 사실을 확인하고 싶다면, 이 책을 읽고 묵상할 것을 적극 추천합니다. 기대하는 바를 충분히 얻을 수 있으며, 흐트러진 영성을 다시 바르게 곧추세우는 도전과 기회를 얻을 수 있습니다.

조 휘 | 아신대학교 구약학 교수

여느 선지서가 그렇듯 에스겔서는 난해한 책이다. 에스겔서를 제대로 이해하기 위해서는 책 전체에 흐름을 조망함은 물론이고 다양한 은유와 이미지를 통해 전달되는 예언과 선지자의 상징적 행동에 대한 바른 주해도 필요하다. 그렇기에 한국 교회 강단에서 에스겔서 강해 설교를 들을 기회가 드문 것은 놀랍지 않다. 이런 상황에서 남포교회 청년부를 섬긴 세 사역자가 에스겔 강해 설교집을 출판하게 되었다는 소식은 여간 반가운 일이 아니다.

《폐허를 덮는 환상》은 성도들이 에스겔서를 쉽게 이해할 수 있도록 한 배려가 가득한 책이다. 저자들은 에스겔서의 역사적 배경과 구체적 상황에 대한 세심한 설명을 제공하여 본문의 이해를 돕는다. 또한 에스겔 본문의 상황을 현대 성도들의 상황에 빗대어 강해함으로써 두 지평 사이에 다리를 제공하고 각 단락의 메시지를 성도들의 삶에 탁월하게 적용한다.

특히 인상적인 것은 에스겔서 각 본문에서 다루는 주제와 개념에 대한 탁월한 구속사적 이해를 담고 있다는 점이다. 한편으로 에스겔서와 구약의 다른 부분의 신학적 연관성을 제공함으로써 구약의 구원 역사에서 에스겔서가 위치하고 있는 지점을 잘 알려 준다. 동시에 에스겔서의 메시지가 어떻게 예수 그리스도를 통해 성취되는지 주목함으로써 에스겔서에 담긴 복음을 선명하게 드러내 준다. 아무쪼록 본서가 에스겔서를 통해 하나님의 음성을 듣기를 고대하는 한국 교회의 성도들에게 널리 읽혀지기를 소망한다.

박덕준 | 합동신학대학원대학교 구약학 교수

선지서를 이해하면서 읽는 일은 쉽지 않습니다. 특별히 에스겔서는 에스겔이 하나님의 임재를 경험하는 환상을 기록한 첫 부분부터 난해하고, 성전 환상을 기록한 뒷부분도 그렇습니다. 그래서 에스겔서와 같은 선지서를 읽을 때 좋은 참고 서적을 함께 본다면 큰 유익을 얻을 수 있습니다. 성경을 애독하는 성도들, 특히 에스겔서를 읽으려는 성도들에게 좋은 참고 서적을 추천할 수 있어서 기쁩니다.

본서는 에스겔서를 통한 하나님의 은혜의 영광을 잘 드러내고 있습니다. 설교는, 성도들이 성경을 통하여 하나님의 은혜의 영광을 찬송하게 하여 하나님이 구속의 목적을 이루어 가심을 깨닫게 해 줍니다(엡 1:6). 에스겔서를 강해한 이 책은 독자에게 그 일을 잘 수행하도록 해 줄 것입니다. 무엇보다 본서는 친절합니다. 선지서를 이해하기 위해 필요한 역사적 정황과 지리적 상황에 대한 설명이 간결하면서도 마치 그림으로 보여 주듯 자세하여 에스겔서를 잘 이해할 수 있게 도와줍니다.

이 책이 특별한 이유는 보기 드문, 멋진 '콜라보'라는 점에 있습니다. 세 명의 설교자가 돌아가면서 에스겔서를 강해했지만, 마치 한 사람의 설교자가 에스겔서를 강해한 것처럼 느껴지는 것은, 세 사람의 설교자가 성경 본문을 한껏 드러내고 자신들을 그 본문 속에 묵묵히 감추어 두었기 때문입니다. 에스겔서를 이해하며 읽기 원하는 성도들이 《폐허를 덮는 환상》의 안내를 받는다면, 최고의 선택이 될 것이라 생각합니다.

김형익 | 벧샬롬교회 담임 목사

이 책은 여러 면에서 특별하다. 세 사람이 방대한 책, 에스겔서를 서른네 편의 설교로 꼼꼼히 풀어내고 있다. 마치 한 사람이 풀어 낸 것처럼 통일성 있고 일관성 있다. 본문의 상황과 맥락과 의미를 쉽고 명료하게 밝혀 주는 충실한 본문 해설에 그치지 않고, 오늘을 사는 우리에게 성실하게 잇대는 일 또한 소홀히 하지 않는다. 가장 인상적인 것은 진노의 상황에서 임한 하나님의 말씀이 어떻게 그 안에 미래에 대한 소망의 메시지를 담고 있는가를 들추어냄으로써 하나님이 어떤 분이신가를 드러내고 그것으로 여전히 절망과 좌절의 시대를 사는 신자들에게 소망의 빛을 비추려 한다는 점이다. 혹독한 세월을 지내고 있는 이 사회의 모든 신자에게《폐허를 덮는 환상》을 권한다.

정창균 | 합동신학대학원대학교 전임 총장

남포교회 부목사님들이 함께 에스겔을 성실하게 공부하여 나침반이 될 만한 강해집을 출간했습니다. 이 책을 에스겔서와 함께 진지하게 읽어 보십시오. 에스겔서에 담긴 기본적 메시지와 가르침은 물론이고, 진심과 정성으로 선포하는 설교가 무엇인지, 신학이 담긴 설교가 무엇인지, 본문에 철저하게 천착하는 설교가 무엇인지 생생히 맛보게 될 것입니다. 책을 덮을 즈음에는 역사 속에서 일하시는 하나님의 마음이 우리의 영혼에 새겨질 뿐 아니라, 우리 시대 속에서 일하시는 하나님의 모습도 선명하게 보게 되리라 확신합니다.

김관성 | 행신침례교회 담임 목사

에스겔은 포로로 잡혀간 이방 땅에서 선지자로 소명을 받습니다. 그에게 주어지는 하나님의 계시의 말씀은 절망 속에서, 비탄 속에서, 죽음 속에서 선명하게 드러나는 소망과 기쁨과 생명에 관한 말씀이었습니다. 포로가 된 이스라엘 백성들은 결코 짧지 않은 70년의 세월 동안 스스로 잊힌, 버려진 자들이라 여겼지만 하나님은 자기 백성을 잊지 않으셨고, 버리지 않으셨습니다. 단 한 순간도 자기 백성을 향한 사랑을 포기하지 않으신 하나님의 열심은 오늘을 살아가는 성도들에게 큰 위로와 소망이 됩니다.

청년부 담당 교역자들이 청년부 예배에서 돌아가며 에스겔서를 설교하였습니다. 그 시대와 다를 바 없는 가혹하고 혹독한 현실 속에서 '내가 여호와인 줄을 그들이 알리라'라는 하나님이 주시는 소망의 말씀을 힘으로 삼아, 오늘을 살아 내고자 하는 청년들에게 큰 위로와 격려가 되리라 믿습니다. 이 책이 '나의 주(主) 되시는 하나님'을 인정하고, 그 하나님께서 살아 내게 하시는 인생 속에서 참된 감사와 믿음의 고백을 가지고 나아가는 일에 유익이 되기를 바랍니다.

최태준 | 남포교회 담임 목사

신앙의 길을 걷는다는 것

설교를 앞두고 성경을 펼칠 때, 제 머릿속을 채우는 것은 '대체 여기서 무슨 일이 일어나고 있는 것인가'라는 질문입니다. 성경은 언제나 제 앞에 커다란 산처럼 서 있습니다. 윤곽조차 가늠하기 어려울 만큼 큰 산인데, 어디까지 깊어질지 모를 골짜기로 들어서야 합니다. 좋으신 하나님이 사랑으로 펼쳐 놓으신 계시이기에, 곳곳에서 절경(絶景)과 숨은 보화를 만나게 될 것이라는 설렘이 있습니다. 그러나 작디작은 피조물이 감히 이곳에 들어서다니 싫은 두려움이 더 큽니다.

본문이 주는 메시지가 무엇인가는 나중에야 생각할 수 있습니다. 우선은 여기서 벌어지는 일이 무엇인지 알아내는 것만으로도 벅찹니다. 무엇을 보게 될지 궁금한 마음이 가득하지만, 성경 속 귀한 것들을 알아보기에 아직 눈이 어둡습니다. 같은 본문을 따라 이 길을 먼저 나섰던 신앙의 선배들이 없었다면, 얼마 가지 못하고 나가떨어졌을 것입니다. 그들의 수고를 디딤돌 삼아, 본문 속 풍경을 느끼며 더듬더듬 나아갑니다.

성경 속 인물들을 대할 때면 이들이 어떤 분위기 속에서 숨 쉬고 있었을까 자주 생각합니다. 그들이 느꼈던 공기를 저도 느껴 보고 싶습니다. 그래야 그들이 겪은 일의 무게도 헤아려 볼 수 있을 테니 말입니다. 그들의 삶 속에 조금씩 젖어 들다 보면, 본문은 늘 저를 더 큰 세계로 인도합니다. 출발할 때는 짐작조차 못했던 세계가 언뜻언뜻 눈앞에 그 모습을 드러내는 것입니다.

지금 내가 어디에 서 있는지도 모르고 시작한 여정이었는데, 가면 갈수록 더 멋진 풍경이 모습을 드러내고, 마음은 일렁이기 시작하여 탄성으로 마무리됩니다. 설교문이 종반에 다다를 때면, '이런 것이 여기에 있었다니' 싶은 마음이었습니다. 아직 얼마 가지도 못했는데, 하나님의 크심이 저를 압도해 오는 것입니다.

성경 속에서 벌어지는 일이 무엇인지 알고 싶은 것은, 거기서 벌어지는 일들이 그 속 인물들만의 것이 아니기 때문입니다. 그들도 우리와 같은 인간입니다. 삶에서 느끼는 기쁨과 노여움, 슬픔과 즐거움은 그들도 우리와 마찬가지였을 것입니다. 그들에게서 나도 지금 가고 있는 인간의 삶을 생생히 보게 됩니다.

더구나 그들은 우리처럼 하나님의 부름을 받은 사람들이었습니다. 신약이 즐겨 쓰는 말로 하자면, 그들은 '신자(信者)'로 사는 삶을 우리보다 먼저 걸어간 사람들입니다. 그들의 삶에는 하나님의 사람들이기에 겪는 특별한 경험의 선례(先例)가 가득합니다. 이들을 보며, 인간의 삶이 무엇인지, 신자로 살아가는 이 특별한 삶이 어떤 것인지 느끼고 배울 수 있었습니다.

하나님이 에스겔을 부르신 일을 생각해 봅니다. 처음부터 타이밍이 좋지 않았습니다. 그는 몹시 불행합니다. 계시가 임하기 전부터, 그의 삶은 이미 망가진 것이었습니다. 난세(亂世)에 태어나 장년에 이르자 삶의 뿌리까지 뽑힙니다. 제사장이라는 천직(天職)은 눈앞에서 날아가고, 낯선 장소에 끌려와 그의 그간 수고는 모두 물거품이 되어 버립니다. 그러나 아직 시작일 뿐입니다. 잘못 와 버린 거기서 그는 또 많은 것을 잃을 것입니다. 이 사람이야말로 하나님을 거부할 온갖 이유가 있었을 것입니다.

왜 하나님은 그를 부르셨을까요. 하나님을 위해 살겠다고 열심을 내는 일은 나중 문제입니다. 하나님 당신이야말로 그의 인생 최대 질문이었을 것입니다. 성경 속 인물들을 볼 때면, '이 사람, 잘못 걸렸구나' 싶을 때가 많습니다. 눈에 안 띄었으면 조용히 살다 갈 것을, 왜 하나님은 굳이 그들을 찾아내셨던 것일까요. '하나님은 왜 나를 찾아내셨습니까. 나하고 무엇을 하려고 하십니까.' 에스겔을 통해 전해지는 하나님의 말씀은 먼저 에스겔이 자기 인생을 놓고 평생 물었을 이 질문에 대한 답이었을 것입니다. 하나님의 답이 자신의 삶을 관통하여 다가오는 것을 그는 감당해야 했습니다. '왜 모든 것을 잃어도 하나님과 함께인 것이 좋은가'에 대한 하나님의 답을, 그는 자신의 삶 한복판에서 마주해야 했습니다. 그의 삶은 예수님의 '자기의 소유를 다 팔아 그 진주를 사느니라'(마 13:46)라는 말씀이 어떤 것인지 몸소 보여주는 실례(實例)라고 하겠습니다.

이 설교는 이런 생각 속에 준비되었습니다. 저는 선배들의 도움에 힘입어 주님의 세계 속을 몇 발자국 가 보았습니다. 하나님의 끝이 없이 풍성한 계시 속으로 들어가 신앙의 길을 살펴보는 일을 시작하는 데 이 설교가 작은 도움이 되길 바랍니다.

강 선

환상의 책

믿을 수 없는 일들이 일어나는 때가 있습니다. 남포교회 청년 예배를 섬기며 에스겔을 설교하던 때에는, 학교에 가는 일이, 사랑하는 사람들과 식사하며 웃고 이야기하는 일이, 교회에 모여 마음껏 찬양하며 예배하는 일이 이토록 어려워지리라고는 상상조차 할 수 없었습니다. 그런데 팬데믹이 찾아왔고 지금 당장은 우리에게 선택권이 없어 그저 주어진 상황 속에서 나름 몸부림치며 일상을 살아가는 수밖에 없습니다. 미래를 내다볼 수 있다면 얼마나 좋을까요. 우리는 선지자를 미래에 일어날 일을 말해 주는 사람이라고 생각합니다. 그렇다면 에스겔이 아직 도래하지 않은 미래를 내다보았을까요.

에스겔서를 보면 결정적 국면마다 하나님께서 선지자 에스겔에게 환상을 보여 주십니다. 여호와께서 바벨론 최고의 존재들에게 당신의 병거를 끌게 하시고 그 위에 앉아 임재하시는 환상에서는 선지자의 소명을, 에스겔을 예루살렘 성전으로 데려가셔서 그 속에서 일어나는 일들을 보게 하시는 환상으로는 확정된 심판을, 마른 뼈가 살아나는 환상으로는 놀라운 회복을 전하시고, 마지막으로 회복된 새 이스라엘의 거룩한 성에 성전이 세워지고 여호와의 영광이 다시 그곳에 임하셔서 만물을 회복하시는 놀라운 환상으로 에스겔서가 마무리됩니다.

하나님은 유다 왕국의 멸망과 예루살렘 성전의 파괴라는 도무지 믿을 수 없는 현실과 이스라엘의 회복과 성전 재건이라는 더더욱 믿기 힘든 약속을 확증하시는 방법으로 선지자에게 환상을 보여 주십니다. 그가 본 환상은 현실적이지 않거나 가능성이 없는 헛된 생각을 의미하는 환상(fantasy)이 아니라, 하나님께서 당신의 시선을 공유하여 인간의 시선 너머에 있는 실재를 보게 하신 환상(vision)이었습니다.

에스겔에게나 우리에게나 현실은 한 치 앞도 내다볼 수 없는 안갯길 같습니다. 이제 막 서른이 된 청년 에스겔은 예루살렘 성전에서 여호와 하나님을 섬기는 제사장인데, 바벨론에 포로로 사로잡혀 와 있으니 그야말로 '이생망'입니다. 그발 강가에 서서 도무지 보이지 않는 미래를 헤아려 보며 한숨을 쉬던 에스겔에게 하나님이 환상 가운데 당신을 보여 주십니다. 여기 바벨론도 하나님이 다스리시는 땅이며, 에스겔은 더 이상 제사장일 수 없으나 여전히 하나님과 그분의 백성을 섬길 수 있는 길이 있음을 보여 주십니다. 아무것도 할 수 없다고 생각한 그 자리에서 에스겔은 자신의 소명을 발견합니다. 함께 포로 된 유대인 공동체를 위해, 더 나아가서는 우리를 포함한 하나님의 언약 백성 전체를 위해 그 자리에서 부름을 받았고 환상을 보았으며 자기가 보고 들은 하나님의 뜻을 전했습니다.

에스겔은 미래를 내다본 것이 아니라 하나님의 현실을 환상이라는 창틈으로 보았습니다. 그리고 하나님의 백성들은 에스겔의 증언을 통해 포로가 된 암울한 현실이 목적 없이 휩쓸려 가는 우연한 사건이 아니라 여전히 선하신 하나님의 뜻 가운데 시행되는 심판과 징계이며 따라서 구원과 회복도 바라볼 수 있는 자리임을 깨닫습니다.

오늘날 우리는 마치 바벨론처럼 그 어느 시대보다 풍요롭지만 진정한 만족이 없는 목마른 시대를 살아갑니다. 미래를 알 수 없으니 보이는 오늘만은 즐기자며 YOLO를 외치고 눈앞의 쾌락을 따르는 것이 지혜라고 말하는 이 세대를 거슬러 믿음으로 살아가려 몸부림치는 우리입니다. 그런 우리에게 이 작고 초라한 현실이 여전히 우리를 사랑하시는 하나님의 뜻과 목적 안에 자리하고 있음을 일깨워 주는 에스겔서 말씀이기를 바랍니다.

  이 귀한 말씀을 앞에 놓고 씨름할 수 있도록 청년 예배를 섬길 기회를 허락해 주신 남포교회와 부족한 설교에 귀를 기울여 준 청년 예배자들, 그리고 무엇보다 함께 예배를 섬겼던 동료이자 좋은 형들인 강선 목사님과 윤철규 목사님께 깊은 감사를 전합니다.

서정걸

하늘은 찢어지고, 은혜의 바다에 깊이 잠깁니다

어느 주일 오후였습니다. 예배가 끝나고 나름 설교를 잘 마쳤다는 뿌듯한 마음으로 청년들과 인사를 나누었습니다. 그때 한 청년이 물었습니다.

"목사님이 말씀하시는 신앙과 요즘 흔히 이야기하는 '정신 승리'나 '존버'는 어떻게 다른 거죠?"

익지도 않은 나물을 건져 간도 제대로 안 맞추고 무치듯 대답을 얼버무리고 그 상황을 성급히 모면했습니다. 명확하게 답할 자신이 없었기 때문입니다. 아니, 오히려 급소를 찔린 것 같은 느낌이었다고 할까요.

덕분에 이런 궁금증이 생겼습니다. '신앙이란 어쩌면, 패배자가 속으로 '나는 승리자다'라고 스스로를 기만하며 현실을 외면하는 '정신 승리'가 아닐까? 믿음을 가지고 인내하라고 설교하지만, 실제로는 아무 대안 없이 막연히 버티라고 충고하는 세상의 '존버'와 같은 말을 하는 건 아닐까? 우리가 믿고 따르는 모든 내용과 체계들이 어쩌면 실체가 없는 허상에 불과한 것은 아닐까? 무자비한 현실을 벗어날 수 없는 사람들에게 순간적 안심만 제공할 뿐 실제로는 어떤 해결책도 되지 않는 면피용 변명이거나

기껏 좋게 생각한다 해도 착한 거짓말 같은 것 아닐까?'

이런 질문 속에서 성경을 펼쳤습니다. 그리고 에스겔서를 읽었습니다. 읽고 또 읽었습니다. 에스겔이 처한 형편이 오늘 우리가 처한 형편과 크게 다르지 않아 보였습니다. 기댈 수 있는 확실한 토대가 전혀 없어 보이는 상황이었습니다. 세상이 아무리 바스러질 것 같아도 꽃을 피울 한 뼘의 공간이 있다면 희망을 품어 볼 만할 텐데, 이 이상한 하나님은 당신의 백성에게 그런 한 치의 여백조차도 허락하지 않는 무시무시한 분입니다.

이 현실은 그분이 가져오시는 것이 분명하다고 성경이 단언합니다. 거기에 압도되어 사라지거나 먼지와 재가 되어 버린 당신의 언약 백성을 내버려 두시는 하나님을 발견합니다. 희망에 관한 말은 단 한 음절도 감히 내뱉을 수 없는 처참한 지경입니다. 무엇을 말하든 말과 현실 사이의 너무나 큰 괴리를 채울 수 없기에 뱉는 순간 말은 허공 속으로 사라질 뿐입니다. 비참한 현실에 대해 정직하게 묘사하는 정도가 인간이 그 속에서 할 수 있는 최선인 듯합니다. 희망이라는 말은 모두가 하찮게 여기는 싸구려 장신구가 되어 버렸습니다. 대기는 황량함과 혼돈과 절망으로 가득합니다.

그때 하늘이 찢어집니다. 인간의 언어로는 형용할 수 없는 것들을 맞닥뜨리게 됩니다. 인간이 헤아릴 수 없는, 볼 수 없고 들을 수 없는 세계가 하늘에서 땅으로 진입합니다. 하늘의 공간과 시간이 용암 폭포처럼 땅으로 쏟아져 내립니다. 말이 끊긴 곳에 본래의 말, 참된 말, 새로운 말이 쏟아져 내립니다. 두꺼운 암흑 속에 근원의 빛, 종말의 빛, 구원의 빛이 폭포처럼 쏟아집니다. 폐허가 된 땅의 성전을 하늘의 성전이 한껏 덮어 버립니다. 에스겔은 은혜의 바다에 깊이 잠깁니다.

수천 년이라는 시간의 간격을 넘어 오늘 우리가 함께 에스겔서를 한 장, 한 장 넘길 때에도 그 일이 우리 인생과 실존과 시대와 세계에 반복될 것입니다. 우리는 새롭게 되기를 원합니다. 새로움은 우리가 만들 수 없습니다. 우리는 우리에게 익숙한 것들만 만들어 낼 뿐입니다. 하나님만이 우리에게 진정한 새로움을 주십니다.

자, 이제 고개를 들어 우리를 덮는 환상을, 그 충만한 하나님

의 은혜를 바라봅시다. 책장을 따라가는 당신의 눈을 주께서 한
껏 열어 주시기를!

윤철규

차례

하나님의 모습을 보다

강 선

1 서른째 해 넷째 달 초닷새에 내가 그발 강 가 사로잡힌 자 중에 있을 때에 하늘이 열리며 하나님의 모습이 내게 보이니 2 여호야긴 왕이 사로잡힌 지 오 년 그 달 초닷새라 3 갈대아 땅 그발 강 가에서 여호와의 말씀이 부시의 아들 제사장 나 에스겔에게 특별히 임하고 여호와의 권능이 내 위에 있으니라 (겔 1:1-3)

두려워 떨며

갈대아 땅 그발 강가에 있던 에스겔이라는 사람에게 무슨 일이 일어났습니다. 하늘이 열리며 하나님의 모습이 보였다니, 범상치 않은 일이 시작된 것입니다. 이 사람 위에 여호와의 권능이 머물며, 그분의 말씀이 임합니다. 이 비범한 일이 마무리되는 부분을 봅시다.

15 이에 내가 델아빕에 이르러 그 사로잡힌 백성 곧 그발 강 가에 거주하는 자들에게 나아가 그 중에서 두려워 떨며 칠 일을 지내니라 (겔 3 : 15)

'델아빕'이라는 곳도 그발 강 옆에 있는 곳인데, 에스겔이 살던 거주지였으리라 생각됩니다. 강가에 있던 에스겔이 자기 마을로 돌아가, 일주일을 꼬박 두려워 떨며 얼빠진 사람처럼 지냅니다.

에스겔은 평범하게 지나칠 수 없는 특별한 일을 경험한 모양입니다. 우리도 어떤 일을 겪을 때면 숨조차 제대로 쉬지 못합니다. 싸웠다든가, 누구에게 아주 심한 말을 들었다든가 하면, 평소 같은 마음으로 있지 못합니다. 일주일이나 원래 상태로 돌아오지 못했다니, 에스겔은 정말 대단한 일을 겪은 것 같습니다. 대체 무슨 일이기에 그렇게 큰 충격을 받았을까요.

망해 가는 나라

무슨 일인지 살피기에 앞서 이 사건의 맥락을 살펴봅시다. 본문에 이 일이 일어난 시점이 구체적으로 언급되어 있습니다.

> 2 여호야긴 왕이 사로잡힌 지 오 년 그 달 초닷새라 3 갈대아 땅 그발 강 가에서 여호와의 말씀이 부시의 아들 제사장 나 에스겔에게 특별히 임하고 여호와의 권능이 내 위에 있으니라 (겔 1:2-3)

때는 여호야긴 왕이 사로잡힌 지 5년이 지난 후입니다. 이때가 어떤 시기인지 알기 위해 열왕기를 참조해 봅시다.

> 1 여호야김 시대에 바벨론의 왕 느부갓네살이 올라오매 여호야김이 삼 년간 섬기

다가 돌아서 그를 배반하였더니 (왕하 24:1)

여호야김이라는 왕이 유다를 다스리던 때에 바벨론의 왕이 예루살렘으로 쳐들어왔습니다. 여호야김은 에스겔서에 나온 여호야긴 왕의 아버지입니다. 여호야김 왕은 3년간 바벨론을 섬기다가 배반합니다. 이것을 응징하기 위해 바벨론의 느부갓네살 왕이 행동을 개시한 것입니다.

당시 정세를 보면, 앗수르가 한동안 천하를 호령했습니다. 그러다 어느덧 앗수르의 힘이 기울어 예전 같지 않게 되자, 서남쪽에 있던 애굽과 동남쪽에 있던 바벨론이 패권 다툼을 시작합니다. 결국 바벨론이 승리했습니다. 그 바람에 앗수르의 영향 아래 있던 나라들이 차례로 바벨론의 영향권 아래 들어가고, 유다도 바벨론의 속국이 되었습니다.

이런 상황에서 여호야김 왕이 바벨론에 반역한 것인데, 공교롭게도 그는 예루살렘이 포위된 중에 죽습니다. 그를 이어 여호야긴이 왕으로 세워집니다. 그러나 유다는 석 달을 버티다가 결국 항복합니다. 그 이후의 이야기가 이렇게 이어집니다.

10 그 때에 바벨론 왕 느부갓네살의 신복들이 예루살렘에 올라와서 그 성을 에워싸니라 11 그의 신복들이 에워쌀 때에 바벨론의 왕 느부갓네살도 그 성에 이르니 12 유다의 왕 여호야긴이 그의 어머니와 신복과 지도자들과 내시들과 함께 바벨론 왕에게 나아가매 왕이 잡으니 때는 바벨론의 왕 여덟째 해이라 13 그가 여호와의 성전의 모든 보물과 왕궁 보물을 집어내고 또 이스라엘의 왕 솔로몬이

만든 것 곧 여호와의 성전의 금 그릇을 다 파괴하였으니 여호와의 말씀과 같이 되었더라 14 그가 또 예루살렘의 모든 백성과 모든 지도자와 모든 용사 만 명과 모든 장인과 대장장이를 사로잡아 가매 비천한 자 외에는 그 땅에 남은 자가 없었더라 15 그가 여호야긴을 바벨론으로 사로잡아 가고 왕의 어머니와 왕의 아내들과 내시들과 나라에 권세 있는 자도 예루살렘에서 바벨론으로 사로잡아 가고 16 또 용사 칠천 명과 장인과 대장장이 천 명 곧 용감하여 싸움을 할 만한 모든 자들을 바벨론 왕이 바벨론으로 사로잡아 가고 17 바벨론 왕이 또 여호야긴의 숙부 맛다니야를 대신하여 왕으로 삼고 그의 이름을 고쳐 시드기야라 하였더라 (왕하 24 : 10 - 17)

패배한 유다는 곤경에 처합니다. 왕을 비롯한 예루살렘의 유력 인사들이 바벨론으로 사로잡혀 갑니다. 예루살렘에는 '비천한 자' 외에는 변변히 남아 있는 사람이 없을 지경입니다. 이때 잡혀간 사람 가운데 에스겔도 있었습니다.

이런 연유로, 평상시라면 예루살렘에 살았을 제사장 가문의 에스겔이 바벨론 땅 그발 강가에 있게 되었던 것입니다. 그발 강은 유브라데 강과 티그리스 강에서 뻗어 나온 관개망인 운하 가운데 하나였을 것으로 생각됩니다.

다시 당시 유다 상황으로 돌아와 보면, 잡아간 여호야긴을 대신해서 바벨론의 느부갓네살이 세운 유다의 왕이 시드기야였습니다. 8년을 재위한 그는 다시 바벨론에 반란을 일으킵니다. 거듭된 반란으로 인해 예루살렘은 완전히 파괴되고 유다는 아예 망하게 됩니다.

열왕기하 25장의 기록을 보면, 바벨론의 왕 느부갓네살은 다시 군사를 일으켜 예루살렘을 공격하여 1년 반 동안 포위합니다. 오도 가도 못하고 갇힌 예루살렘 백성은 기근과 질병으로 심한 고통을 겪습니다. 결국 예루살렘 성벽은 바벨론 군대에 뚫리고, 성전과 왕궁이 다 불탑니다. 바벨론 군대는 성벽을 상당 부분 무너뜨립니다. 수도 예루살렘은 이제 모든 영광을 잃어버립니다.

가까스로 도망치던 시드기야 왕은 멀리 가지 못하고 바벨론 군대에 잡히고, 눈앞에서 아들들이 살해당하는 것을 봅니다. 자신은 눈알이 뽑히고 사슬에 결박된 채 바벨론으로 질질 끌려갑니다. 이때 또 많은 사람이 함께 바벨론으로 끌려가고, 수도 예루살렘에는 아주 가난한 사람들만 남겨집니다. 이 일이 벌어진 때는 에스겔을 비롯하여 유다 사람들이 잡혀간 지 10년이 지나서입니다.

다시 에스겔서 본문을 보면, 에스겔이 환상을 보게 된 것이 여호야긴 왕이 잡혀간 지 5년 후라고 했습니다. 그러니까 에스겔이 겪은 이 일은 두 사건의 한가운데 자리 잡고 있습니다. 곧 예루살렘의 명망 있는 이들과 함께 에스겔이 포로로 잡혀간 사건과 나라가 망해 없어지는 사건 사이에 하나님이 에스겔을 찾아오신 것입니다.

절망스러운 에스겔의 처지

이런 맥락을 염두에 두고 보면, 하나님이 찾아오신 이때에 에스겔의 상태가 좋았을 리 없습니다. 에스겔은 포로 가운데 한 명으로, 낯선 이국땅에 잡혀 있습니다. 그런데 이 상태는 에스겔 개인에게는 더욱 괴로운 일이었습니다.

다시 에스겔 1장 1절을 보면, '서른째 해 넷째 달 초닷새에 내가'라고 시작합니다. 여기 '서른째 해'가 무슨 뜻일까에 대해서 여러 의견이 있습니다. 유력한 견해 하나는 이것이 에스겔의 나이를 가리킨다고 보는 것입니다. 어느 영어 성경은 이 구절을 아예, '내 나이 서른에'라고 옮겼습니다. 이 견해를 따르면, 에스겔은 스물다섯 살에 포로로 끌려온 것이라고 계산할 수 있습니다.

민수기 4장을 보면, 제사장 가문은 서른 살부터 쉰 살까지의 남자가 그 직무를 수행합니다. 그러니 에스겔은 한참 수습 제사장으로 직무를 준비할 때, 예루살렘을 떠난 것입니다.

그의 십 대 시절은 요시야 왕 때였습니다. 요시야 왕은 이스라엘 역사상 유례없는 종교 개혁 운동을 일으킨 사람입니다. 그때까지 행방을 모르던 율법책도 발견하면서 유다 사회가 하나님에게로 돌아가게 하는 데 총력을 다했습니다. 에스겔은 그런 시절에 제사장 가문에서 컸으니, 자신에게 맡겨진 책무가 더욱 막중하게 느껴졌을 것입니다. 가문의 천직인 제사장 과업에 헌신하여 그동안 잘 훈련받아 서른 살이면 본격적으로 직무를 수행할 것이었습니다.

그런데 에스겔은 스물다섯 살에 갑작스럽게 포로가 되어 예루살렘을 떠나게 됩니다. 제사장은 성전에서 일하는 사람인데, 예비 제사장이 예루살렘을 떠나 성전이 없는 곳으로 가게 된 것입니다. 이것은 얼마나 당황스러운 일이었을까요. 인생의 방향이 바뀌는 일이었을 겁니다.

우리 식으로 비유하자면, 좋은 대학에 가겠다는 목표를 세우고 공부에 몰입해 온 학생이 있습니다. 하고 싶은 것도 많지만, 학교와 학원만 오가며 입시를 준비합니다. 그런데 사정이 생겨 고등학교 3학년 2학기에 갑작스럽게 대학이 아예 없는 곳으로 이민을 가게 됩니다. 어떤 기분일까요. '나는 지금껏 대체 무엇을 했더란 말인가' 싶을 것입니다.

또, 공무원 시험을 보겠다고 대학 1학년 때부터 놀지도 않고 준비하던 대학생이 있습니다. 대학 시절의 낭만이니 뭐니 하는 것도 다 뿌리치고, 학원을 오가며 수험 교재를 달달 외우며 준비해 왔습니다. 그런데 어느 날 갑자기 공무원 시험이 없어집니다. 더구나 이번 한 해만이 아니라 앞으로 50년은 공무원을 뽑지 않겠다는 공고가 난다면, 이 대학생은 어떤 마음일까요.

에스겔이 바로 그런 처지에 놓인 것입니다. 평생을 두고 그 일을 목표로 열심히 준비해 왔습니다. '내 인생은 바로 저 직무를 위한 것이다. 나는 그 일을 위해 태어났다'라는 사명감으로 가득 차 준비해 온 일을 박탈당합니다.

몇 년만 참으면 되는 일이 아니었습니다. 그는 뿌리가 뽑혀 낯선 땅에서 기약 없이 나머지 생을 살게 되었습니다. 에스겔이 그발 강가에 서 있던 것은 바로 이런 처지에 놓였기 때문입니다.

그러니 에스겔에게 꿈이 있다면, 예루살렘으로 돌아가 성전에서 일하는 삶이었을 것입니다. 유다가 속국이기는 했지만 아직 여전히 나라로 남아 있었고, 예루살렘에서도 조상 때부터 해 오던 제사가 성전에서 계속 거행되고 있었습니다. 잡혀간 에스겔은 돌아갈 날에 대한 실낱같은 기대 속에서 그날이 언제일까 하고 생각했을 것입니다.

그러나 앞으로 에스겔서에서 확인하겠지만, 하나님은 그 기대마저 무너뜨리십니다. '유다는 망할 것이다. 그것도 심판으로 망할 것이다. 내가 직접 성전을 부수어 버리겠다'라고 말씀하십니다. 에스겔이 꿈에라도 가고 싶었을 성전은 5년 후 흔적도 없이 사라질 것입니다. 결국 에스겔에게는 제사장으로 사는 삶이 허락되지 않습니다.

이처럼 현재 포로가 되어 몸 하나 자기 뜻대로 움직일 수 없는 에스겔에게, 그리고 밝은 앞날에 대한 소망마저 완전히 막힌 에스겔에게, 하나님이 찾아오셨습니다. 그런 처지의 에스겔에게 하나님이 용건이 있다고 찾아오신 것입니다. 대체 하나님은 이런 에스겔과 무엇을 하려고 하시는 걸까요. 이것이 우리의 물음입니다.

하나님이 찾아오시다

하나님이 찾아오신 용건은 에스겔서 2장에서 드러나기 시작합니다. 그것을 보기에 앞서 이번 장에서는, 그렇게 찾아오신 하나님에 대한 묘사를 1장에서 살펴보겠습니다. 하나님은 에스겔에게 이렇게 나타나십니다.

4 내가 보니 북쪽에서부터 폭풍과 큰 구름이 오는데 그 속에서 불이 번쩍번쩍하여 빛이 그 사방에 비치며 그 불 가운데 단 쇠 같은 것이 나타나 보이고 5 그 속에서 네 생물의 형상이 나타나는데 그들의 모양이 이러하니 그들에게 사람의 형상이 있더라 (겔 1:4-5)

북쪽을 보니, 거기서부터 폭풍이 몰려옵니다. 먹구름이 짙게 드리워져 있는 저 안쪽에서 불이 번쩍번쩍합니다. 얼마나 센 불인지, 마치 쇠를 달궈 놓은 것처럼 보입니다. 뭔지 모르는 형체가 나타나는데, 네 생물의 형상이 보입니다. 살아 있는 것으로 보여서 '생물'이라고 부르는데, 전체적인 모양은 사람 같은 형상입니다. 이 형상들에 대한 설명이 이어집니다.

6 그들에게 각각 네 얼굴과 네 날개가 있고 7 그들의 다리는 곧은 다리요 그들의 발바닥은 송아지 발바닥 같고 광낸 구리 같이 빛나며 8 그 사방 날개 밑에는 각각 사람의 손이 있더라 그 네 생물의 얼굴과 날개가 이러하니 9 날개는 다 서로 연하였으며 갈 때에는 돌이키지 아니하고 일제히 앞으로 곧게 행하며 10 그 얼굴들의 모양은 넷의 앞은 사람의 얼굴이요 넷의 오른쪽은 사자의 얼굴이요 넷의 왼쪽은 소의 얼굴이요 넷의 뒤는 독수리의 얼굴이니 11 그 얼굴은 그러하며 그 날개는 들어 펴서 각기 둘씩 서로 연하였고 또 둘은 몸을 가렸으며 12 영이 어떤 쪽으로 가면 그 생물들도 그대로 가되 돌이키지 아니하고 일제히 앞으로 곧게 행하며 13 또 생물들의 모양은 타는 숯불과 횃불 모양 같은데 그 불이 그 생물 사이에서 오르락내리락 하며 그 불은 광채가 있고 그 가운데에서는 번개가 나며 14 그 생물들은 번개 모양 같이 왕래하더라 (겔 1:6-14)

네 생물이 보였는데, 각 생물은 얼굴이 네 개입니다. 앞에는 사람 얼굴이, 오른쪽에는 사자, 왼쪽에는 소, 뒤통수에는 독수리의 얼굴이 달린 생물이 넷입니다.

사람처럼 손발이 있는데, 날개도 두 쌍이 달려 있습니다. 한 쌍의 날개로는 자기들 몸을 가리고, 다른 한 쌍으로는 날개를 쳐 날고 있습니다. 그렇게 움직여 옵니다.

이 생물들은 타는 숯불과 횃불처럼 보일 정도로 불길이 가득한 면모입니다. 언뜻 손과 발도 보이지만, 전체적으로는 타는 횃불 같습니다. 그러니까 형상이 있는 불처럼 보이는 것입니다. 그리고 네 생물 사이에 번개가 쳐 대고 있습니다.

15 내가 그 생물들을 보니 그 생물들 곁에 있는 땅 위에는 바퀴가 있는데 그 네 얼굴을 따라 하나씩 있고 16 그 바퀴의 모양과 그 구조는 황옥 같이 보이는데 그 넷은 똑같은 모양을 가지고 있으며 그들의 모양과 구조는 바퀴 안에 바퀴가 있는 것 같으며 17 그들이 갈 때에는 사방으로 향한 대로 돌이키지 아니하고 가며 18 그 둘레는 높고 무서우며 그 네 둘레로 돌아가면서 눈이 가득하며 19 그 생물들이 갈 때에 바퀴들도 그 곁에서 가고 그 생물들이 땅에서 들릴 때에 바퀴들도 들려서 20 영이 어떤 쪽으로 가면 생물들도 영이 가려 하는 곳으로 가고 바퀴들도 그 곁에서 들리니 이는 생물의 영이 그 바퀴들 가운데에 있음이니라 21 그들이 가면 이들도 가고 그들이 서면 이들도 서고 그들이 땅에서 들릴 때에는 이들도 그 곁에서 들리니 이는 생물의 영이 그 바퀴들 가운데에 있음이더라 (겔 1 : 15-21)

나타난 것은 네 생물만이 아니었습니다. 그 옆에는 바퀴들도 있었습니다. 생물마다 바퀴가 하나씩 있는데, 바퀴 안에 바퀴가 있다고 합니다. 상상해 보면, 바퀴가 있고 거기에 직각 방향으로 또 바퀴가 있어서 이 두 바퀴가 함께 구의 모양을 이루는 것이 아닐까 싶습니다. 이 바퀴들이 생물의 움직임을 따라가고 있습니다.

에스겔은 바퀴가 그 형체만으로도 무서웠다고 하면서 그 바퀴들마다 눈들이 달렸다고 말합니다. 이 생물들과 바퀴들은 자기들 뜻대로 움직이는 것이 아니라, 이들을 지시하는 영이 있어서 그 영의 지시에 따라 움직인다고 합니다.

본문을 따라 읽어 보기는 했지만, 어떤 모양인지 그림으로 그려 내기가 쉽지 않습니다. 에스겔이 묘사하는 것은 환상이기 때문입니다. 환상을 묘사할 때는 전체 면모를 쉽게 그릴 수 없는 경우가 많습니다. 마치 이미지가 연달아 나타나지만, 전체로는 어떤 모양인지 잘 알아볼 수 없는 영상과도 같습니다.

우리가 이해할 수 있는 부분만 가지고 생각해 보면, 여기 나와 있는 형상 자체는 에스겔에게 그리 낯선 것이 아니었습니다. 이 생물들의 얼굴은 당시 메소포타미아의 신전이나 궁전 벽에 새겨진 고귀한 짐승들의 얼굴이었습니다. 여기저기서 어렵지 않게 볼 수 있었던 것들입니다.

사자는 짐승의 왕이고, 소는 가축의 왕입니다. 독수리 역시 새들의 왕으로 여겨집니다. 이렇듯 이 생물들의 얼굴에서 권능과 위엄의 존재로 추앙되던 것들을 보게 됩니다.

그런데 이 생물들은 그것들과 비슷하기만 한 것은 아니었습니다. 인상적인 다른 점도 있었습니다. 에스겔은 이제까지 이것들을 건물 벽에 부조되어 있거나 조각되어 땅에 붙어 있는 것으로만 보았습니다. 그런데 이들이 벽에 붙어 있거나 땅에 고정되어 있지 않고, 움직이며 다니고 있습니다.

에스겔의 환상에서는 처음부터 움직임이 강조됩니다. 환상은 폭풍과 큰 구름이 움직이는 것으로 시작했습니다. 이어서 네 생물과 바퀴들이 다가옵니다. 그 움직임이 특이합니다.

9절에 보면, '갈 때에는 돌이키지 아니하고 일제히 앞으로 곧게 행하며'라고 합니다. 우리에게 익숙한 방식의 움직임이 아닙니다. 우리는 방향을 바꿀 때면 몸을 틉니다. 왼쪽으로 가려면 몸을 왼쪽으로 돌립니다. 그런데 이 생물들은 몸을 틀지 않고 그냥 곧장 가기만 해도 가고 싶은 곳에 간다고 합니다.

12절에서도 이 점이 다시 한번 강조됩니다. "영이 어떤 쪽으로 가면 그 생물들도 그대로 가되 돌이키지 아니하고 일제히 앞으로 곧게 행하며." 가고 싶은 방향으로 몸을 틀지 않고, 앞으로만 곧장 간다는 점이 강조되어 있습니다.

바퀴도 마찬가지입니다. 17절에 "그들이 갈 때에는 사방으로 향한 대로 돌이키지 아니하고 가며"라고 합니다. 바퀴도 돌아서 가는 법이 없습니다. 우리가 아는 이동 방식이 아닙니다. 이 특이한 점을 왜 반복해서 강조하고 있을까요.

우리는 오른쪽으로 가려고 마음먹으면 몸을 오른쪽으로 틉니다. 반면, 이 생물들은 몸을 틀지 않고도 오른쪽으로 갑니다. 어떻게 해야 몸을 틀지 않고도 오른쪽으로 갈 수 있을까요.

예배당에 모여 있는 우리가 이 생물들이라고 생각해 봅시다. 네 생물처럼 앞으로만 움직이는데, 그러면서도 가고 싶은 곳에 가려면 어떤 일이 벌어져야 할까요. 우리가 오른쪽으로 가려는데 몸을 돌리지 않으면, 어떻게 오른쪽으로 갈 수 있을까요. 우리가 앞으로 가면서 몸을 틀지 않고 오른편을 향하려면, 예배당이 움직이면 됩니다. 우리는 가만히 있고, 공간 전체가 움직이면 원하는 곳에 이를 수 있습니다.

에스겔의 환상을 정확히 묘사할 수는 없어도, 그가 바라보고 있는 광경을 이런 식의 움직임으로 생각할 수 있습니다. 네 생물은 어디든 가는 존재입니다. 방향을 바꾸지 않습니다. 돌이키지도 않고 늘 전진하기만 합니다. 무슨 일이 벌어지는 것일까요. 배경이 움직이며, 이들이 가는 길을 열고 있습니다. 배경이 이들에게 맞추어 움직입니다. 우리가 움직이는 방식과 반대입니다.

환상을 다시 정리해 보면, 네 생물은 세계 속에서 움직여 가는 것이 아닙니다. 오히려 세계가 이 생물들을 기준으로 때마다 움직이고 있습니다. 우리가 본 적 없는 방식으로 세계를 주도하고 있습니다. 우리가 아는 어떤 위대한 존재도 세계 안에서 제 몸을 움직여 이동하는 법입니다. 바벨론의 위대한 신들도 땅에 닿으려면 하늘에서 내려와야 했습니다. 그런데 이 생물들은 그렇게 움직이지 않습니다. 세계가 이들에게 맞춥니다.

그런데 이어지는 내용을 보면, 공간이 다 맞춰 주는 이 생물들, 방향도 바꾸지 않고 원하는 곳에 이를 수 있는 네 생물들은 주인공이 아닙니다. 네 생물의 정체가 10장에 가서 분명히 드러납니다.

18 여호와의 영광이 성전 문지방을 떠나서 그룹들 위에 머무르니 19 그룹들이 날개를 들고 내 눈 앞의 땅에서 올라가는데 그들이 나갈 때에 바퀴도 그 곁에서 함께 하더라 그들이 여호와의 전으로 들어가는 동문에 머물고 이스라엘 하나님의 영광이 그 위에 덮였더라 20 그것은 내가 그발 강 가에서 보던 이스라엘의 하나님 아래에 있던 생물이라 그들이 그룹인 줄을 내가 아니라 21 각기 네 얼굴과 네 날개가 있으며 날개 밑에는 사람의 손 형상이 있으니 22 그 얼굴의 형상은 내가 그발 강 가에서 보던 얼굴이며 그 모양과 그 몸도 그러하며 각기 곧게 앞으로 가더라 (겔 10 : 18–22)

에스겔은 다른 환상에서 네 생물들을 다시 보는데, 그 환상에 대한 언급에서 비로소 이 생물들의 정체가 밝혀집니다. 그들은 '그룹' 천사였습니다. 처음에는 몰랐는데, 그제야 에스겔이 그들의 정체를 깨닫게 된 것입니다.

그룹 천사에 대한 성경의 첫 언급은 창세기에 나옵니다. 아담과 하와가 에덴동산에서 쫓겨났을 때, 이들이 생명나무에 접근하면 막으라고 하나님이 에덴동산 동편을 지키게 하신 천사가 이들이었습니다. 생명이 하나님에게만 있다는 점을 생각할 때, 생명나무를 지킨다는 말은 하나님 곁에 서 있음을 가리킨다고 하겠습니다.

또 그룹 천사가 등장하는 때는 모세의 인도로 이스라엘 백성이 애굽에서 나온 후입니다. 하나님이 이스라엘 백성들에게 성막을 짓고 법궤를 만들게 하시는데, 그때 법궤의 덮개에 조각된 것이 그룹 천사였습니다. 천사 둘이 서로 마주 서서 법궤 가운데를 보며 날개를 마주 대고 있습니다. 이들은 지성소 휘장에도 수놓아지고 성전의 벽에도 새겨졌습니다. 이들은 이렇게 하나님의 임재나 보호를 가리키는 천사들이었습니다.

다시 본문으로 돌아와 보면, 그룹 천사의 등장은 하나님이 나타나실 것을 예견하게 합니다. 그러니 이들의 모양이 아무리 두려운 것이라고 해도 이들은 주인공이 아닙니다. 이들의 등장은 하나님이 나타나실 것을 가리키는 전조입니다. 이들이 아무리 인상적이라 해도 진짜 일은 이제야 시작되는 것입니다.

> 22 그 생물의 머리 위에는 수정 같은 궁창의 형상이 있어 보기에 두려운데 그들의 머리 위에 펼쳐져 있고 23 그 궁창 밑에 생물들의 날개가 서로 향하여 펴 있는데 이 생물은 두 날개로 몸을 가렸고 저 생물도 두 날개로 몸을 가렸더라 24 생물들이 갈 때에 내가 그 날개 소리를 들으니 많은 물 소리와도 같으며 전능자의 음성과도 같으며 떠드는 소리 곧 군대의 소리와도 같더니 그 생물이 설 때에 그 날개를 내렸더라 25 그 머리 위에 있는 궁창 위에서부터 음성이 나더라 그 생물이 설 때에 그 날개를 내렸더라 (겔 1 : 22-25)

앞서 에스겔은 바퀴만 보아도 무서웠다고 했습니다. 그런데, 이제 네 생물 위의 궁창을 보니 더 두려워졌습니다. 궁창은 둥근 덮개를 뜻합니다. 네 생물들 위에 투명한 둥근 덮개 같은 것이 있다고 생각하면 됩니다.

네 생물의 날갯짓 소리는 '많은 물 소리', '전능자의 음성', '군대의 소리' 같았습니다. 아주 크고 무서운 소리였습니다. 그런데 그렇게 무시무시한 소리를 내던 네 생물이 조용해질 때가 있습니다. 움직임을 멈추고 그 날갯짓도 멈춥니다. 날개를 내렸다는 말이 반복되어 있습니다. 언제 그 위엄 있는 네 생물이 잠잠해지는 것일까요.

궁창 위에서 목소리가 들릴 때입니다. 그때는 네 생물들도 쥐 죽은 듯 조용해집니다. 궁창 위에 누가 있기에 그렇게 모두를 조용히 만드는 것인지 궁창, 그 덮개 위의 광경을 살펴봅시다.

26 그 머리 위에 있는 궁창 위에 보좌의 형상이 있는데 그 모양이 남보석 같고 그 보좌의 형상 위에 한 형상이 있어 사람의 모양 같더라 27 내가 보니 그 허리 위의 모양은 단 쇠 같아서 그 속과 주위가 불 같고 내가 보니 그 허리 아래의 모양도 불 같아서 사방으로 광채가 나며 28 그 사방 광채의 모양은 비 오는 날 구름에 있는 무지개 같으니 이는 여호와의 영광의 형상의 모양이라 내가 보고 엎드려 말씀하시는 이의 음성을 들으니라 (겔 1 : 26-28)

음성이 들려오는 그 궁창 위에 보좌 모양이 보입니다. 보좌는 푸른 사파이어 색깔입니다. 그 위에는 앉아 있는 사람의 형상이 보입니다. 허리 위는 달아오른 쇠의 광채로 채워져 있고, 허리 아래도 불 같습니다. 보좌 자체도 파란 보석으로 빛을 내는데, 그 위에서 불빛이 뿜어져 나오고 있습니다. 에스겔은 그 광경이 '여호와의 영광의 형상'임을 알아챕니다. 그는 그 앞에서 얼굴을 땅에 대고 엎드립니다. 그렇게 하라고 누가 시킨 것도 아닌데, 그는 엎드리게 되었습니다. 이렇게 에스겔은 하나님을 만나게 됩니다.

상반된 두 존재

두 존재가 만나고 있습니다. 이 만남에서 우리는 대조적인 모습을 보게 됩니다. 한쪽은 에스겔입니다. 그는 꼼짝도 못하는 처지입니다. 이제까지 꿈꾸어 왔던 모든 것을 포기해야 했습니다. 그는 장래를 꿈꿀 수 없는 운명입니다.

한편, 그와 마주하고 있는 생물들, 하나님을 모시는 천사들은 어떻습니까. 이쪽은 폭풍과 번개 속에서 날개를 치며 어디든 갈 수 있는 존재입니다. 좀 더 정확히 말하면, 무엇이든 그 앞에 대령하게 할 수 있는 존재입니다. 이런 상반된 두 존재가 만났습니다. 이 만남에서 우리는 무엇을 보게 됩니까.

이 만남은 이렇게 시작됩니다. "그가 내게 이르시되 인자야 네 발로 일어서라 내가 네게 말하리라 하시며"(겔 2:1). 보좌 위에서 들려오는 음성입니다. '인자야, 네 발로 일어서라. 내가 네게 말하리라.'

여기서 '인자'는 '사람의 아들'이라는 말인데, 다니엘서에 나오는 '인자'와는 달리, 그저 '너는 사람이다'라는 뜻입니다. 보좌 위에 계신 분이 '사람아, 일어서라' 하고 말씀하십니다.

사방이 막혀 있고, 더는 무엇을 바랄 수도 없는 처지의 에스겔에게 '사람아'라고 하시니, 하나님은 그가 얼마나 연약한 존재인지 잘 아시는 것 같습니다. 그런데 하나님은 그 같은 존재에게 일어서라고 하십니다.

우리라면 에스겔 같은 처지에 있는 사람에게 무슨 말을 해 줄 수 있을까요. 에스겔은 아직 다 모르지만, 우리는 그가 어떤 처지에 있는지 잘 알고 있습니다. 그러니 잔인하지만 그에게 주어진 진실은 이런 것입니다. '당신의 꿈은 다 끝났어요. 당신이 그렇게 바라던 성전은 곧 자취도 남지 않게 무너질 것입니다. 당신은 그 낯선 땅을 벗어나지 못하고 결국 거기서 죽을 겁니다. 그러니 헛된 희망은 버리십시오. 당신에게 인생은 닫혔습니다!' 그냥 엎어져 있는 것 말고 에스겔이 무엇을 할 수 있겠습니까. 그의 미래, 그의 소망은 모두 물거품이 되었습니다.

그런데 이상스럽게도 하나님은 그에게 일어서라고 하십니다. 왜 그가 일어서야 할까요. 에스겔에게 완전히 다른 문이 열리기 때문입니다. 하나님 안에서 자기 인생을 살고 싶었던 그 예비 제사장에게, 하나님은 그가 원하던 것을 이루어 주실 것입니다. 하나님은 정말 에스겔에게 그분 안에서만 살 수 있는 삶을 허락하십니다. 단, 그 삶의 모양은 에스겔 마음대로가 아니라, 하나님 마음대로 정해질 것입니다. 그래서인지 하나님의 말씀을 다 듣고 난 에스겔은 이렇게 반응합니다.

14 주의 영이 나를 들어올려 데리고 가시는데 내가 근심하고 분한 마음으로 가니 여호와의 권능이 힘 있게 나를 감동시키시더라 15 이에 내가 델아빕에 이르러 그 사로잡힌 백성 곧 그발 강 가에 거주하는 자들에게 나아가 그 중에서 두려워 떨며 칠 일을 지내니라 (겔 3 : 14-15)

하나님과의 만남은 그를 근심하게 하고, 분한 마음으로 가득하게 했습니다. 그는 두려워 떨며 일주일을 보냅니다.

하나님과의 만남은 우리 기대에 부응하는 것이 아닐 수 있습니다. 우리 생각과는 다르게, 하나님은 금방 우리 마음을 만족, 위로, 평안 같은 것으로 채우지 않으실 때가 많습니다. 에스겔처럼 오히려 하나님을 만났기 때문에, 그분이 주시는 말씀 때문에 괴로울 수 있습니다.

에스겔의 '근심하고 분한 마음'이 새번역 성경에는 '괴롭고 분통이 터지는 심정'이라고 되어 있습니다. 14절의 '여호와의 권능이 힘 있게 나를 감동시키시더라'라는 말씀 역시 새번역 성경에는 '주님의 손이 나를 무겁게 짓눌렀다'라고 번역되어 있습니다.

하나님이 에스겔을 만나고 계십니다. 우리가 살펴본 대로라면, 하나님은 에스겔을 찾아오셨다기보다, 당신 앞으로 에스겔을 끌어당기신 것입니다. 3장 14절에서 에스겔이 다시 그발 강가로 돌아갈 때, '주의 영이 나를 들어올려 데리고 가시는데'라고 합니다. 역시 하나님이 찾아오셨다기보다는 하나님이 계신 곳으로 그가 낭겨져서 하나님을 만난 것을 묘사했다고 하겠습니다.

하나님은 이렇듯 모든 것을 당신 앞에 소환하실 수 있는 분입니다. 권위 가운데 에스겔을 부르시고, 이제 그에게 당신의 뜻을 펼치겠다고 하십니다. 하나님과 '인자', 곧 '사람'의 만남은 그런 것입니다.

살면서 종종 아무것도 남지 않았다, 이제 더는 무엇을 바랄 수도 없이 다 끝났다는 생각이 밀려들 때가 있습니다. 이렇게 낙심하고 탄식하는 인간에게 하나님은 당신의 위엄을 갖추고 나타나십니다. 우리에게도 그렇게 나타나십니다. 아니, 우리를 하나님 앞으로 소환하십니다.

그리고 말씀하십니다. '너는 이제 일어서라. 그리고 내가 하는 말을 들어라. 나는 너에게, 네 삶에 용건이 있다.' 하나님은 에스겔같이 아무 소망도 없어 보이는 인생의 끝자락에 몰려 있는 존재에게 끝이 아니라고, 일은 이제 시작에 불과하다고 말씀하십니다.

이 땅에서 우리가 하나님과 만날 때, 그분과의 만남은 언제나 우리에게 시작이 됩니다. 하나님과의 만남은 언제나 시작입니다. 언제나 자유로운 그분은 우리에게 무엇을 늘 새롭게 시작하십니다.

우리는 그분과의 만남으로 사방이 막힌 궁지에서 나를 옥죄고 있던 모든 것을 날려 버리는 폭풍과 큰 구름을 경험할 것입니다. 이제부터 무엇이 시작됩니다. 그분의 뜻은 우리가 금방 넘겨짚을 수 있을 정도로 간단한 것이 아닙니다. 하나님이 우리에게 다가오셔서 우리의 과거, 현재, 미래를 날려 버리시고는, '너는 일어서서 내 말을 들으라'라고 하십니다.

우리도 에스겔처럼 하나님의 말씀을 듣고 분통이 터질지 모릅니다. 하나님에게 잘못 걸려서 그분 손에 짓눌려 오도 가도 못하게 되었다고 느낄 때도 있을 것입니다. 그러나 우리는 그분이 어떤 분인지 신앙 안에서 배워 왔습니다.

하나님이 어떤 분인지 안다면, 우리가 고백하듯 하나님이 좋으신 분이라는 것을 안다면, 그분의 말씀을 듣고, 그 앞에 서야 할 것입니다.

어떤 처지에 있든 우리도 에스겔이 그러했던 것처럼, 하나님이 우리에게 어떤 뜻이 있으신지 들을 수 있습니다. 우리는 우리의 삶을 다시 이해할 수 있습니다. 오늘이 다시 열렸다는 것은 언제나 새롭게 일하시는 하나님이 우리 가운데 무슨 일을 하시는지 따라가 볼 기회가 생겼다는 뜻입니다. 우리 모두 주님의 부르심 앞에 아멘으로 응답하는 주의 백성이 되길 소망합니다.

기도

하나님, 하나님의 선지자가 전혀 어울리지 않는 때에 하나님의 부르심을 받고 있습니다. 다가오신 하나님은 선지자가 감당하기 어려운, 두렵고 무서운 모습이었습니다.

하나님은 그에게 참으로 귀한 하나님의 뜻을 말씀하시고 주의 뜻을 이루려고 하십니다. 하나님의 음성 앞에서 에스겔은 다 끝난 막다른 곳이 아니라, 모든 것이 새롭게 시작되는 자리에 서게 되었습니다.

하나님, 그러한 일이 지금 저희에게도 여전히 일어나고 있습니다. 주님 앞에 허리를 동이고 주의 말씀에 귀 기울이며 순종하고 살아가는 주의 자녀들 되게 하여 주시옵소서. 예수님의 이름으로 기도합니다. 아멘.

02

주님이 여기에도 계시다

윤 철 규

1 그가 내게 이르시되 인자야 네 발로 일어서라 내가 네게 말하리라 하시며 2 그가 내게 말씀하실 때에 그 영이 내게 임하사 나를 일으켜 내 발로 세우시기로 내가 그 말씀하시는 자의 소리를 들으니 3 내게 이르시되 인자야 내가 너를 이스라엘 자손 곧 패역한 백성, 나를 배반하는 자에게 보내노라 그들과 그 조상들이 내게 범죄하여 오늘까지 이르렀나니 4 이 자손은 얼굴이 뻔뻔하고 마음이 굳은 자니라 내가 너를 그들에게 보내노니 너는 그들에게 이르기를 주 여호와의 말씀이 이러하시다 하라 5 그들은 패역한 족속이라 그들이 듣든지 아니 듣든지 그들 가운데에 선지자가 있음을 알지니라 6 인자야 너는 비록 가시와 찔레와 함께 있으며 전갈 가운데에 거주할지라도 그들을 두려워하지 말고 그들의 말을 두려워하지 말지어다 그들은 패역한 족속이라도 그 말을 두려워하지 말며 그 얼굴을 무서워하지 말지어다 7 그들은 심히 패역한 자라 그들이 듣든지 아니 듣든지 너는 내 말로 고할지어다 (겔 2:1–7)

실패한 왕국

구약 성경에서 가장 중요한 사건 두 가지는 출애굽 사건과 출애굽을 통해서 형성된 나라인 이스라엘이 멸망하고 바벨론에 잡혀가 70년 동안 포로로 생활한 일입니다.

첫 번째 포로 생활이라고 할 수 있는 애굽에서의 노예 생활을 마치고 나올 때는 모세라고 하는 걸출한 지도자가 있었습니다. 모세 전에 400년간의 성경에 기록되지 않은 시대가 있었고, 그 전에 아브라함과 이삭과 야곱과 요셉의 시대가 있었습니다. 하나님이 이 족장들(한 가족의 우두머리라 해서 족장들이라고 표현합니다.)을 통해 소규모 가족 집단에 불과했던 이들에게 놀라운 약속을 주십니다. 그들의 가정사는 우리와 크게 다를 바 없어 보입니다. 그런데 하나님이 거기에 일일이 개입하시고 은혜를 담으시고 그들과 언약을 맺으시는 내용을 구약 성경의 첫 책인 창세기를 통해 살펴볼 수 있습니다.

야곱의 아들 중 우여곡절 끝에 총리가 된 요셉이라는 인물이 있습니다. 온 땅에 큰 기근이 닥쳤을 때 야곱 일가는 요셉 덕에 애굽으로 가서 번창합니다. 그리고 400년이라는 긴 시간이 흐릅니다. 거기에서 이스라엘은 인구가 매우 많아지지만, 그들을 견제하고 적대하는 왕 때문에 많은 고초를 겪습니다. 하지만 그토록 오랜 시간이 지났음에도 하나님이 아브라함과 야곱과 맺으신 언약을 기억하시고, 모세를 통해서 그들을 애굽에서 꺼내는 이야기가 구약 성경의 전반부에서 가장 중요한 내용입니다.

그 하나님을 기억해라, 그분은 애굽에서 종노릇했던 우리를 열 가지 재앙과 홍해 사건을 통해서 구출해 내셨다, 그분은 우리와 시내 산에서 언약을 맺으셨다, 그리고 우리에게 가나안 땅을 주셨다, 하는 이야기가 이스라엘 역사 내내 강조됩니다.

당시 모세를 통해서 하나님이 권면하신 말씀대로 나라를 다스려야 한다며 끊임없이 외치던 사람들이 바로 선지자입니다. 시내 산에서 하나님이 모세를 통해 이스라엘에 알려 주셨던 방식대로 제사와 예배와 절기를 잘 수행할 책임을 맡고 있었던 이들이 레위 지파와 제사장들입니다. 그리고 모세와 여호수아같이 하나님을 대리하여 이스라엘을 잘 다스리고 외부의 정치적, 군사적 위협으로부터 지켜야 했던 사람들이 바로 왕들이라고 할 수 있습니다.

왕이 없었을 때 이스라엘 백성들은 사무엘 선지자에게 왕을 세워 달라고 끈질기게 요구했습니다. 그들은 사울을 왕으로 세워 왕정 국가를 이룹니다. 그렇게 자신들의 안전을 스스로 도모합니다.

그런데 구약 역사에서 왕과 제사장과 선지자들이 그 역할을 성공적으로 수행하는 경우는 매우 드뭅니다. 첫 번째 왕부터 자신의 역할을 감당하는 일에 실패합니다. 두 번째 왕인 다윗을 통해 이스라엘은 전성기를 맞이하지만 그의 아들 솔로몬이 죽고 난 후에 나라는 북쪽의 이스라엘과 남쪽의 유다로 나뉩니다. 북쪽에 있던 이스라엘은 기원전 722년 즈음에 당시 메소포타미아 지역의 패권을 장악하고 있던 앗수르 제국에 의해 멸망당합니다. 후에 남 유다 왕국도 기원전 587년 즈음에 바벨론 제국에 의해 정복당합니다. 유다의 왕과 귀족들과 백성들은 바벨론에 포로로 잡혀갑니다. 이런 이야기들이 우리가 읽는 에스겔서의 배경입니다.

포로로 잡혀간 에스겔

남 유다가 기원전 587년에 완전히 망하기 전에도 이미 바벨론에 포로로 잡혀간 유다의 백성들이 꽤 있었습니다. 열왕기하 24장에 의하면 여호야김 왕 때에 바벨론의 왕 느부갓네살이 유다로 쳐들어옵니다. 1절을 보면 '여호야김이 느부갓네살을 삼 년 동안 섬겼다'라고 표현되어 있습니다. 3년 동안 신하처럼 바벨론의 왕을 섬겼다는 이야기인지, 인질로 잡혔다는 이야기인지 확실하지 않습니다.

시간을 조금 거슬러 올라가 기원전 605년에 현재 시리아 북부 지역의 갈그미스라는 곳에서 세계대전이라고 불릴 만한 아주 큰 전투가 있었습니다. 오랫동안 그 지역의 패권 국가였던 애굽이 자존심을 회복하려고 시도한 전투였습니다. 애굽은, 그동안 자기네들이 앗수르에 얻어터지고 바벨론에 얻어터지고 했는데, 이대로는 자존심 상해서 못 산다며 주변의 동맹국들을 규합합니다. 그때 유다도 끌어들입니다. 드디어 유브라데 강의 끝자락인 갈그미스에서 애굽 연합군과 신흥 강자인 바벨론이 크게 한판 붙었는데, 결과는 어떻게 됐습니까. 애굽 연합군은 큰 패배를 겪고 맙니다. 이제 메소포타미아 지역에 끼치는 바벨론의 영향력을 막을 세력은 하나도 없게 되었습니다.

그 당시 유다의 왕은 여호야김이었습니다. 다니엘서 1장의 기록에 따르면 다니엘이 여호야김 때에 포로로 잡혀갔다고 합니다. 이 시점이 정확히 언제인지는 학자들에 따라 의견이 분분합니다. 갈그미스 전투가 끝난 직후인 기원전 604년 즈음이었을지, 아니면 그 뒤에 여호야김이 바벨론에게 반기를 들었다가 3년 동안 어려움을 겪고 난 후인 기원전 601년 즈음이었을지, 혹은 여호야김이 죽고 그의 아들 여호야긴이 석 달간 예루살렘에서 왕 노릇을 한 후에 포로로 잡혀간 기원전 597년 즈음이었을지, 이런저런 추정만 있을 뿐 확정하기는 어렵습니다.

갑자기 다니엘이 잡혀간 이야기를 하는 이유는 에스겔도 그때쯤 잡혀갔기 때문입니다. 에스겔 1장 2절에 보면 '여호야긴 왕이 사로잡힌 지 오 년'이라는 표현이 나옵니다. 아마도 에스겔은 여호야긴 왕 때에 있었던 왕, 귀족들, 고위 관료들, 약탈품 등이 통째로 바벨론으로 옮겨진 일에 함께 연루되어 바벨론에 끌려와 있었을 것입니다.

그는 여호야긴이 포로로 잡혀간 지 5년 후에 부름을 받습니다. 남 유다가 최종적으로 멸망하는 시점을 기원전 587년이나 586년 정도로 보는데 에스겔이 활동을 시작했던 시기는 그것보다 6년에서 7년 전인 기원전 593년 정도로 봅니다.

그러니 에스겔은 정말 최악의 시기에 선지자로 부름을 받아 사역한 셈입니다. 나라가 완전히 망하기 10여 년 전에 적국에 포로로 잡혀가서, 5년쯤 뒤에 나라가 망할지도 모른다는 불안과 두려움 속에서 선지자로 부름을 받고, 포로로 잡혀 와 실의에 빠진 동포들에게 6년에서 7년 정도 나라가 망할 거라는 예언을 전하고, 결국 자기 예언대로 나라가 망했다는 이야기를 듣고, 끝이 보이지 않는 포로 시기의 한복판에서 15년 정도 더 선지자 노릇을 했던 것입니다.

다윗 왕 때나 히스기야 왕 때에 선지자로 부름을 받았으면 얼마나 좋았겠습니까. 에스겔이 부름을 받은 시기는 정말 최악의 때라고 할 수 있습니다. 단 한 번밖에 없는 인생인데 이런 시국에 태어나고 활동하다니, 안타깝지만 우리가 보기에 에스겔의 인생은 그냥 망한 거나 마찬가지입니다.

그러나 하나님의 말씀이 풍성했던 시대

에스겔과 같은 시기에 예루살렘에서 사역한 유명한 선지자가 있습니다. 바로 예레미야입니다. 에스겔이 바벨론에서 선지자로 부름을 받기 수십 년 전부터 그는 나라가 곧 망한다, 성전이 무너진다, 바벨론에 빨리 항복해라, 이런 내용을 예언해 왔습니다.

우리는 에스겔이나 예레미야가 정통이며 그들의 예언이 옳다는 사실을 분명하게 알고 있습니다. 하지만 당시에는 이들 말고도 예언자를 자칭하는 이들이 매우 많았습니다. 나라는 망하지 않는다, 하나님이 우리를 곧 회복시키실 것이다, 얼마 전에 하나님이 나에게 꿈을 꾸게 해 주셨는데 포로로 잡혀간 여호야긴 왕이 돌아오는 꿈이었다, 이 일이 수년 내에 이루어질 것이다, 이런 내용을 예언하는 사람들이 있었습니다. 그 당시에 백성들은 누구의 말이 맞는지 몰라 굉장히 혼란스러운 상황을 겪었을 것입니다.

당시에 예루살렘에서는 예레미야가, 우리나라는 망한다, 포로로 잡혀가는 일은 하나님의 뜻이다, 그러니 빨리 정신 차리고 매 맞을 것은 맞고 돌아오기를 소망하자, 라고 예언하고 있었습니다. 에스겔은 이미 포로로 잡혀간 사람입니다. 그도 예레미야가 전하는 메시지와 똑같은 내용을 전해야 합니다. 같이 잡혀 온 이들에게, 우리는 이렇게 포로로 잡혀 왔고 쉽게 돌아가지 못한다, 우리만이 아니라 나라가 망해서 본국에 있는 이들도 결국은 다 죽거나 포로가 되어 여기로 오게 될 것이다, 라고 예언해야 합니다.

이런 예언을 하고 싶겠습니까. 이런 고약한 말을 이웃과 친족들에게까지 전해야 하는 책임자로 부름을 받는다면, 선뜻 주님의 명령에 따르겠다고 반응하지 못할 것입니다. 많은 사람이 소망하는 것과 정반대의 이야기를 해야 합니다. 사실 사람들은 듣고 싶은 말만 들으려고 합니다. 따라서 예레미야나 에스겔 같은 사람들의 말은 사람들을 분노하게 하거나 외면하게 만들었을 가능성이 큽니다. 누구라도 이런 선지자 자리는 다른 이에게 양보하고 요나처럼 멀리 도망갈 것 같습니다.

이때 즈음에, 다니엘서의 기록에 의하면 다니엘은 느부갓네살의 궁정에서 자라고 있습니다. 이 부분이 흥미롭습니다. 민족의 운명이 가장 암울할 때입니다. 종교적으로도 가장 최악일 때입니다. 성전이 무너졌기 때문입니다. 어디서 이 종교를 지켜 내겠습니까. 당시는 종교와 지역의 개념, 종교와 그 종교의 신을 섬기는 신전의 개념이 묶여 있는 시대입니다. 그런 것들이 초토화되었으니 다 끝장난 것입니다. 그런데 그 시대에 가장 걸출한 선지자들이 나옵니다.

그 선지자들의 말과 행동을 지금 우리가 성경의 예언서에서 확인합니다. 이사야는 에스겔보다 한참 전에 활동했던 사람이지만 본문 말씀의 때를 배경으로 예언한 내용이 이사야서에 굉장히 많이 들어 있습니다. 우리가 대예언서라고 부르는 이사야서, 예레미야서, 에스겔서, 다니엘서, 그리고 그 뒤에 붙어 있는 소예언서들의 상당수가 다 이 당시를 배경으로 삼고, 포로 생활에 초점을 맞추어 전한 말씀들입니다. 시대는 암울하고, 개인은 죽을 것 같고 망하는 것 같은데 그때야말로 하나님의 말씀이 가장 풍성했던 시대, 하나님이 이스라엘에게 말을 가장 많이 건네시던 시대라고 감히 이야기할 수 있습니다. 여기에 어떤 역설이 있는 것입니다.

여전히 언약에 신실하신 하나님

에스겔서를 비롯해 이 시대를 다루는 구약 성경들은, 이스라엘과 유다가 망한 일은 하나님이 실패하셨기에 벌어진 일이 아니라고 주장합니다. 이들이 나라가 망하고 포로로 잡혀가는 일을 겪게 된 이유는 하나님이 언약에 신실하지 않아서 그런 것도 아닙니다. 오히려 하나님이 언약에 신실하시기에 이들이 포로로 잡혀가는 것이라고 이야기합니다.

이미 신명기 28장에서 모세는 가나안 입성을 앞에 두고 있는 이스라엘 백성들에게 너희가 가나안에 들어가더라도 정신 차리지 않고 여호와의 말씀을 어기고 우상을 숭배하면 외국이 너희를 괴롭힐 것이다, 그래도 계속 정신 차리지 않으면 결국 포로로 잡혀갈 것이다, 라고 경고합니다. 모세의 이런 경고에도 이스라엘은 역사 내내 하나님의 음성에 순종하지 않습니다.

이 지점에서 질문을 해 보겠습니다. 이스라엘이 계속 말을 듣지 않고 엇나가는데도 하나님은 그들의 하나님이시니까 그들이 벌을 받지 않고 나라가 망하지 않는 방식으로 끝까지 그들을 지켜 주어야 언약에 신실하신 하나님입니까? 아니면, 너희 죄악과 패역의 수준이 이 정도까지 도달했으니 너희는 나라가 망하는 어려움을 겪어야 한다, 내가 그걸 허용한다, 바벨론 같은 이방 나라를 채찍으로 삼아 내가 너희를 징계하겠노라, 라고 하나님이 말씀하신 대로 하셔야 언약에 신실하신 하나님입니까? 당연히 후자입니다. 그러니 이스라엘이 멸망하는 일은 하나님이 언약에 성실하지 않아서 나타난 결과가 아닙니다. 하나님이 언약에 신실하셔서 이스라엘이 망하는 것이고 유다가 바벨론으로 잡혀가는 것입니다.

그런데 하나님은 백성들과 맺으신 언약에 대해 신실하심을 지키기 위해 어디까지 희생하실까요? 고대에 대다수의 사람들은, 어떤 민족이 전쟁에 패해 그들이 섬기는 신전이 무너지면 그 신의 권위도 무너지고 영향력도 사라진다고 생각했습니다. 유다가 바벨론에게 정복당하고 예루살렘 성전도 무너졌으니 당시 사람들은 바벨론의 신들이 유다의 여호와라는 신을 꺾고 승리를 쟁취했다고 생각했습니다. 그런데 에스겔을 비롯한 구약의 선지자들에 의해 당시의 상식과는 전혀 다른 사상이 선포됩니다.

예루살렘에 있는 성전은 신의 능력과 역할과 권세를 보장해주는 장소가 아니다, 온 세계를 지으시고 통치하시는 참된 주재자이신 주님은 우리에게는 보이지 않는 보좌에 앉아 계신다, 예루살렘 성전은 주님의 능력을 모사한 것에 불과하다, 그러므로 사람이 지은 예루살렘 성전이 무너져도, 사람이 짓지 않은 더 크고 위대한 성전과 보좌가 여전하므로 하나님은 여전히 하나님으로서의 권위와 능력과 통치권을 가지고 유다뿐만 아니라 모든 나라와 세상과 인류 역사와 그의 백성들을 주장하시고 붙들고 계신다, 이런 주장이 에스겔서의 한 축을 형성하고 있습니다.

그러니 운이 나쁘게 포로로 잡혀가는 일을 겪는 시대에 태어 났다고 할지라도 나는 시대를 잘못 만났어, 나는 끝났어, 내 인 생은 여기서 끝인가 봐, 이번 생은 글렀어, 이렇게 말할 수 없습 니다. 이런 말들은 성경의 주장에 귀를 기울이는 사람들에게 무 색한 것입니다. 하나님은 어떤 상황 속에서도 당신의 일을 이루 실 수 있는 분이라는 놀랍도록 긍정적인 위로가 넘쳐 나고 있습 니다.

우리가 낯선 곳에서 어려움을 겪고 있는데 거기서 나를 도와 줄 지인을 만나면 얼마나 반갑겠습니까. 실제로 제 후배가 겪었 던 일입니다. 파리에 배낭여행을 갔는데 가진 돈 대부분을 소매 치기당하고 말았습니다. 여권과 몇 푼 안되는 돈만 간신히 쥐고 있을 뿐이었습니다. 이제 어떻게 해야 하나, 고민하며 센강 주변 을 걷고 있는데, 거기서 학교 선배를 만난 것입니다. 후배가 그 선배를 보고 깜짝 놀라서 말합니다. "형이 왜 여기서 나와?" 선배 가 말합니다. "너 몰랐어? 나 여기서 공부하고 있었잖아. 그런데 너 뭐 필요한 거 없어?"

상당히 비약해서 말하자면 지금 에스겔이 그런 일을 겪고 있 는 것입니다. 민족의 운명은 암울하고, 나는 낯선 땅에 포로로 잡혀 왔고, 내 직업은 집안 대대로 내려오던 제사장인데 그 일은 할 수 없게 되었고, 이제 내 인생은 희망이 없구나, 그냥 망해 버 렸구나, 이렇게 강가에서 푸념하고 있는데 거기에 갑자기 누가 나타나십니까.

하나님이 에스겔에게 말씀하십니다. "에스겔아, 내가 예루살렘에만 묶여 있는 줄 알았느냐? 나는 못 가는 데가 없다. 내가 못 있을 곳은 없다. 나는 이 세계를 지은 하나님이다. 나는 모든 만물과 인류의 역사를 통치하는 여호와다. 그런 나를 못 믿겠느냐. 나는 아브라함의 하나님이다. 나는 모세의 하나님이다. 너희 조상의 하나님이다. 나는 네 조상들이 애굽에서 400년 동안 종살이할 때도 그들을 끄집어낸 하나님이다. 나는 절대 그들을 두고 떠나지 않았다. 그런데 너희는 왜 내가 너희를 두고 다른 곳으로 갔다고 생각하느냐? 왜 너희가 내 눈 밖에 났다고 말하느냐? 그것은 사실이 아니다."

선지자가 겪어야만 하는 일

시편 139편에 이런 말씀이 나옵니다. "내가 새벽 날개를 치며 바다 끝에 가서 거주할지라도" 거기에 주님이 계신다고 합니다. 그런 하나님에 관해 그리고 그 하나님이 베푸실 은혜의 통치와 회복에 대해 동족에게 전하라고 에스겔을 부르고 계십니다.

그런데 전제가 있습니다. 하나님이 유다의 백성들에게 요구하시는 내용이 있습니다. 일단 나라가 망하는 것을 감수해야 한다, 성전이 무너질 것이다, 그리고 상당한 시간 동안 포로 생활을 해야만 한다, 이런 내용입니다.

하나님이 이런 말씀을 전하기 위해 에스겔뿐 아니라 이사야도 세우셨고 예레미야도 세우셨습니다. 그리고 그들이 개인적으로 감내해야 하는 고충이 있다고 미리 알려 주시는데 내용이 다

비슷합니다. 이사야 6장에 따르면 하나님이 성전에서 영광 중에 이사야를 만나 주십니다. 감격에 찬 이사야가 '주님, 저를 보내 주시옵소서'라고 요청합니다. 그러자 주께서 가라고 하십니다. 그리고 이런 말씀을 붙이십니다. "가서 전해라. 하지만 네가 하는 이야기를 아무도 안 듣거나 못 알아들을 것이다."

예레미야도 마찬가지입니다. 하나님이 그를 불러 선지자로 보내시는데 아무도 그의 이야기를 듣지 않습니다. 그래서 예레미야는 하나님에게 속았다고 투덜거리고 하나님을 원망하기까지 합니다. 차라리 내가 이 땅에 태어나지 않았으면 얼마나 좋았을까, 하면서 말입니다. 그런데 주님이 말씀하십니다. '내가 너를 유다 중에 이스라엘 중에 쇠기둥같이 박아 놓겠다. 너는 그들 앞에 견고한 성읍이 될 것이다'(렘 1:18). 그러니 예레미야는 어디로 도망도 못 가고, 유다 백성들 속에서 그들이 듣고 싶어 하지 않는 이야기, 그러나 그들이 들어야만 하는 이야기를 전해야 합니다. 그런 일을 통해 하나님이 여전히 유다에게 말씀하고 계시고 여전히 그들의 하나님이시라는 메시지도 전하는 셈입니다. 선지자는 그런 일을 감당해야 하는 존재입니다.

에스겔도 그런 역할을 부여받고 있습니다. 에스겔 2장을 보겠습니다.

6 인자야 너는 비록 가시와 찔레와 함께 있으며 전갈 가운데에 거주할지라도 그들을 두려워하지 말고 그들의 말을 두려워하지 말지어다 그들은 패역한 족속이라도 그 말을 두려워하지 말며 그 얼굴을 무서워하지 말지어다 7 그들은 심히 패역

한 자라 그들이 듣든지 아니 듣든지 너는 내 말로 고할지어다 (겔 2 : 6-7)

이 말씀은 3장에서 이렇게 이어집니다.

8 보라 내가 그들의 얼굴을 마주보도록 네 얼굴을 굳게 하였고 그들의 이마를 마

주보도록 네 이마를 굳게 하였으되 9 네 이마를 화석보다 굳은 금강석 같이 하였

으니 그들이 비록 반역하는 족속이라도 두려워하지 말며 그들의 얼굴을 무서워하

지 말라 하시니라 (겔 3 : 8-9)

주님이 에스겔의 얼굴을 철면피같이 만들어 주신다고 합니다.
그래서 아무리 사람들이 그가 전하는 이야기를 듣기 싫어하고
그를 거부해도, 주님은 끝끝내 에스겔을 그들 앞에서 이야기하
게 만들겠다는 것입니다.

에스겔은 이 소식을 듣고 싶어 하지 않는 자신의 동족뿐만 아
니라 당시 바벨론과 모든 열방을 향해 예언해야 하는 자리에까
지 부름을 받습니다. 자기 신변의 안전을 생각한다면 절대 이야
기하고 싶지 않은 내용입니다. 주님, 제가 뭐라고 이런 이야기를
해야 합니까, 라고 말할 수밖에 없을 것입니다. 그런데 주님이
계속해서 이런 말씀을 하십니다.

10 또 내게 이르시되 인자야 내가 네게 이를 모든 말을 너는 마음으로 받으며 귀

로 듣고 11 사로잡힌 네 민족에게로 가서 그들이 듣든지 아니 듣든지 그들에게 고

하여 이르기를 주 여호와의 말씀이 이러하시다 하라 (겔 3 : 10-11)

에스겔은 미칠 지경이었을 것입니다. 하고 싶지 않은 이야기를 해야 합니다. 아무도 듣지 않는 이야기를 해야 합니다. 무슨 일이 있어도 마음을 다해 그 이야기를 해야 합니다. 주님은 왜 이런 일을 에스겔에게 시키시는 걸까요?

이 일을 통해 이스라엘은 하나님의 음성을 듣게 됩니다. 에스겔을 통해서 듣는 것입니다. 이 선지자는 그 역할을 감당하는 준엄한 신적 요구를 받은 것입니다.

에스겔은 이후에 주님의 말씀을 열심히 전합니다. 그러나 효과는 없었습니다.

> 4 그가 또 내게 이르시되 인자야 이스라엘 족속에게 가서 내 말로 그들에게 고하라 5 너를 언어가 다르거나 말이 어려운 백성에게 보내는 것이 아니요 이스라엘 족속에게 보내는 것이라 6 너를 언어가 다르거나 말이 어려워 네가 그들의 말을 알아 듣지 못할 나라들에게 보내는 것이 아니니라 내가 너를 그들에게 보냈다면 그들은 정녕 네 말을 들었으리라 (겔 3 : 4–6)

예를 들어 선교지에 가서 제가 사용하는 언어를 못 알아듣는 사람들한테 복음을 전했는데 사람들이 설교를 너무 잘 받아들이는 것입니다. 감동하고 눈물을 흘리며 회개합니다. 그런데 제가 사역하는 교회에 돌아와서 설교하면 아무도 안 듣습니다. 언어가 잘 통하는 사람들에게 이야기를 전하는데도 모두가 듣는 둥 마는 둥 합니다. 에스겔이 이런 일을 겪게 될 것이라고 말씀하십니다. 그리고 에스겔의 사역 중에 실제로 그런 일이 일어납니다.

에스겔서 33장입니다.

> 30 인자야 네 민족이 담 곁에서와 집 문에서 너에 대하여 말하며 각각 그 형제
> 와 더불어 말하여 이르기를 자, 가서 여호와께로부터 무슨 말씀이 나오는가 들
> 어 보자 하고 31 백성이 모이는 것 같이 네게 나아오며 내 백성처럼 네 앞에 앉아
> 서 네 말을 들으나 그대로 행하지 아니하니 이는 그 입으로는 사랑을 나타내어도
> 마음으로는 이익을 따름이라 32 그들은 네가 고운 음성으로 사랑의 노래를 하며
> 음악을 잘하는 자 같이 여겼나니 네 말을 듣고도 행하지 아니하거니와 33 그 말
> 이 응하리니 응할 때에는 그들이 한 선지자가 자기 가운데에 있었음을 알리라 (겔
> 33 : 30-33)

에스겔도 다른 선지자들과 같이 여러 시청각 자료나 노래 등을
사용하여 여호와의 말씀을 전했을 것입니다. 그러나 별의별 방
법을 동원해도 사람들의 반응은 뜨뜻미지근합니다. 오늘 저녁
우리 동네 길거리에 에스겔이라는 사람이 나와서 여호와의 말
씀을 예언한다는데 가서 한번 들어나 보자, 저 사람 목소리가 참
좋네, 사랑 노래를 부르는 가수 같기도 하고, 열정도 있어 보이
고, 이 고된 포로 생활에서 우리를 격려해 주느라 애를 많이 쓰
는구나, 라고 하는 정도입니다. 정작 그가 전하는 메시지에는 관
심이 없습니다.

설교를 마치고 났을 때 누가 목사님, 오늘 설교는 파이팅이 넘
쳐서 좋았어요, 오늘은 재밌는 이야기를 들려줘서 너무 좋았어요,
라고 하면서 전한 성경 말씀과는 상관없는 내용을 이야기하는 것

과 마찬가지 상황입니다. 에스겔은 그의 사역 내내 이 일을 겪었을 것입니다.

하나님의 성취와 우리의 인내

구약 성경에서 선지자가 하나님의 말씀을 선포할 때 가장 중요하게 고려하는 사항은 선지자의 언변이 얼마나 화려한가, 얼마나 감동을 불러일으키는가, 선지자가 인간적으로 얼마나 매력적인가가 아닙니다. 선지자가 전한 말씀대로 실제 이루어지는가가 중요합니다.

에스겔이 한 말이 현실로 이루어지는 것을 볼 때 그가 참 선지자임을 알게 됩니다. 그제야 에스겔이 말한 것이 진짜였구나, 그는 정말 하나님이 우리를 위해 보내 주신 하나님의 사자구나, 라고 말하게 될 것입니다.

성전이 무너질 때, 백성들이 회복되어 다시 돌아올 때, 하나님이 말씀하신 열방을 향한 예언들이 성취될 때, 하나님이 한 선지자를 그들 가운데 보내 주심으로 당신이 그들과 함께 계시는 분이라는 것을 그들에게 알게 하실 것입니다. 그리고 참되고 온전하신 선지자 예수께서 그 일을 완수하십니다. 누가복음 9장 51절입니다.

51 예수께서 승천하실 기약이 차가매 예루살렘을 향하여 올라가기로 굳게 결심하시고 (눅 9 : 51)

주님이 예루살렘을 향하여 올라가기로 굳게 결심하십니다. 그러자 베드로가 막습니다. "주님, 그리하지 마십시오." 이에 주께서 강하게 대답하십니다. "사탄아, 물러가라." 그리고 올라가십니다. 사람들은 이렇게 기대합니다. '우리를 위한 왕이 되소서. 우리의 필요를 채워 주소서.' 예수님은 이런 간구를 뒤로하고 죽으러 올라가십니다. 그렇게 주님은 구원을 이루십니다.

지금 하나님은 에스겔에게, 먼 훗날 임하실 메시아의 한 표상을 요구하시는 것과 같습니다. 에스겔은 미치고 환장할 노릇입니다. 실제로 거의 반쯤 미쳐 지냈던 게 아닌가 싶습니다. 현대의 정신분석학자들 중에는 에스겔의 모습을 보면서 이 사람은 거의 정신병자가 아니었을까 하고 생각하는 사람들도 있습니다. 그의 행적을 보면 정말 미친 것 같습니다. 남들이 보지 않은 기괴한 환상을 봅니다. 황당한 내용을 쉴 새 없이 떠들어 댑니다. 술을 엄청나게 퍼마시고 취한 사람 같습니다.

그런데 비현실적으로 보이는 그런 내용이 결국 그들의 현실을 지배하고 완성하는 하나의 예언이 됩니다. 에스겔은 술을 먹지도 마약을 하지도 않았습니다. 그는 이 세상의 현실을 뛰어넘는 하나님의 일하심을 보았습니다. 그러한 하나님의 일하심을 전하는 자로서 겪는 갈등과 고민 탓에 그는 거의 반쯤 미쳐서 삽니다.

그러나 그 일을 통해 하나님이 이스라엘을 향한 구원을 이루어 내시고, 이스라엘의 역사를 거룩하게 완성하십니다. 포로로 잡혀간 시대라고 할지라도 하나님이 그들 가운데 함께하셔서 하나님은 그들의 하나님이 되시고 그들은 하나님의 백성이 되는 일이 중단되지 않습니다.

에스겔서 1장은 하나님의 임재의 영광을 간접적으로 보여 주는 굉장하고 기괴스러운 기계들, 바퀴들, 어마어마한 형상들로 시작됩니다. 에스겔서의 마지막은 거룩한 성읍 예루살렘, 거룩한 성전의 회복을 이야기합니다. '여호와삼마'를 외치면서 말입니다. '그 날 후로는 그 성읍의 이름을 여호와삼마라 하리라'(겔 48:35).

여호와삼마는 여호와께서 그들 중에 함께 계신다는 뜻입니다. 에스겔의 삶을 통해, 하나님은 이스라엘 중에 여전히 함께하는 분이라는 사실이 드러나게 될 것입니다. 주님은 이 땅에 메시아로 오셔서 인간의 모든 거짓된 요구와 배신과 반대와 거부에도 불구하고 예루살렘으로 올라가고야 마시고, 십자가를 지고야 마셔서 우리에게 목적하신 구원을 이루어 내십니다. 그리고 주님의 성육신의 자취를 좇는 우리에게 이렇게 요구하시는 것 같습니다.

'세간의 평가에, 세속적 음성에 휘둘리지 마라. 주님이 너에게 보여 주시는 그 길을 가라. 어떤 상황에서도 하나님이 너와 함께하신다는 사실을 굳게 믿어라. 포로로 잡혀가는 상황에서도 하나님이 함께하신다. 감옥에 갇혀 있어도, 섬에 유배되어 있어도 주님이 함께하신다. 주님이 은혜를 담지 못하거나 역사하지 못하거나 일하실 수 없는 환경과 시대는 없다. 주님이 당신의 백성들에게 생명을 주시지 못하는 조건 따위는 없다. 하나님은 어디에서든 일하신다. 그러니 핑계 대지 말고 너는 너의 길을 가라. 너의 십자가를 져라.'

이런 지엄하신 초청 앞에 믿음으로 응답하기 바랍니다. 우리의 삶 전체를 걸고, 우리의 조건이나 감정이나 기분이나 우리가 내리는 판단과 상관없이 믿음으로 걸어야 할 길을 걷는 우리가 되기를 바랍니다.

기도

포로로 잡혀간 에스겔을 그 현장 가운데서 만나 주시고, 그 백성들에게 그들과 여전히 함께하심을 보여 주신 하나님, 그들이 처한 현실이 그들을 망하게 하지 못하고 오히려 하나님을 더욱 경험하게 하고, 그들을 더욱 하나님의 백성답게 만들어 주는 통로가 되게 하시는 하나님, 그런 일이 에스겔과 당대의 언약 백성들에게 이루어졌듯이 오늘 우리가 처한 모든 상황, 모든 조건, 모든 환경 속에 주의 은혜를 담으시옵소서. 어떤 조건과 환경에서도 주님이 일하실 수 있고, 주님의 주님 되심을 드러내실 수 있다고 성경이 이야기하는 대로 우리가 믿사옵나이다. 그러니 주님, 우리의 이 믿음이 단지 순간에 행하는 마음의 결단이나 고백으로 끝나는 것이 아니라 우리 삶에서 구체적인 열매로 맺힐 수 있도록 주의 성령께서 역사하여 주옵소서. 예수 그리스도의 이름으로 기도합니다. 아멘.

03

에스겔, 파수꾼 되다

서정걸

16 칠 일 후에 여호와의 말씀이 내게 임하여 이르시되 **17** 인자야 내가 너를 이스라엘 족속의 파수꾼으로 세웠으니 너는 내 입의 말을 듣고 나를 대신하여 그들을 깨우치라 **18** 가령 내가 악인에게 말하기를 너는 꼭 죽으리라 할 때에 네가 깨우치지 아니하거나 말로 악인에게 일러서 그의 악한 길을 떠나 생명을 구원하게 하지 아니하면 그 악인은 그의 죄악 중에서 죽으려니와 내가 그의 피 값을 네 손에서 찾을 것이고 **19** 네가 악인을 깨우치되 그가 그의 악한 마음과 악한 행위에서 돌이키지 아니하면 그는 그의 죄악 중에서 죽으려니와 너는 네 생명을 보존하리라 **20** 또 의인이 그의 공의에서 돌이켜 악을 행할 때에는 이미 행한 그의 공의는 기억할 바 아니라 내가 그 앞에 거치는 것을 두면 그가 죽을지니 이는 네가 그를 깨우치지 않음이니라 그는 그의 죄 중에서 죽으려니와 그의 피 값은 내가 네 손에서 찾으리라 **21** 그러나 네가 그 의인을 깨우쳐 범죄하지 아니하게 함으로 그가 범죄하지 아니하면 정녕 살리니 이는 깨우침을 받음이며 너도 네 영혼을 보존하리라 (겔 3:16–21)

∘

일주일 전에

본문은 '칠 일 후에'로 시작합니다. 1장부터 3장 15절까지는 일주일 전에 있었던 일들을 기록하고 있는데, 아마도 자신의 서른 번째 생일이었을 날, 에스겔이 그발 강가에서 하나님의 영광을 보고 선지자로 부름을 받는 사건을 소개합니다. 바벨론 포로 거주지에서 여호와 하나님의 영광을 마주한다는 것은 이전에 자신이 가지고 있던 하나님에 대한 지식과 기대를 뛰어넘는 충격적인 일이었습니다. 에스겔 1장에서 자신이 본 하나님의 영광을 묘사하는 세세한 설명을 보면 에스겔이 받았을 충격과 놀라움을 짐작할 수 있습니다.

에스겔은 제사장 가문 출신입니다. 제사장이 될 사람이었기에 예루살렘 성전과 여호와 하나님에 대한 지식을 충분히 갖추었을 것이고, 때가 이르면 제사장이 되어 성전에서 하나님을 섬길 일을 기대하는 마음도 있었을 것입니다. 그런데 에스겔은 제사장이 되기도 전에 포로로 사로잡혀 바벨론에 거하게 되었고, 거기서 뜻밖에도 예루살렘에만 거하시는 줄 알았던 하나님의 영광을 만납니다. 바벨론 문화에서 최상의 존재들로 알려진 형상을 한 네 생물이 이끄는 병거를 타시고 자유롭게, 막힘없이, 돌이키지도 않고 원하는 곳으로 행차하시며 만물을 그 앞에 소환하시고 번개처럼 임하는 모습으로 하나님이 그에게 나타나십니다. 그리고 예루살렘 성전에서 하나님과 그분의 백성들을 화목하게 하는 제사장의 직분을 소망했던 에스겔을, 하나님의 진노와 심판을 선포하는 선지자로 세우시고 그에게 사명을 주십니다. 그러면서 그가 하나님의 말씀을 전해도 이스라엘 백성들은 듣지도 않고 돌이키지도 않을 것이라고 하십니다.

2장 3절을 보면 하나님은 이스라엘 백성들을 '패역한 백성, 하나님을 배반하는 자'라고 부르시며 에스겔을 그런 자들에게로 보낸다고 말씀하십니다. 이어 4절에서 하나님은 그들을 '뻔뻔하고 마음이 굳은 자'라 칭하시고, 6절에서는 그들을 '가시와 찔레, 전갈'로 비유합니다. 이 말씀을 듣는 에스겔은 자신이 매우 적대적인 상황 속에서 심판의 말씀을 전하게 되리라는 것을 알 수 있습니다. 2장 3절에서 10절까지의 짧은 말씀에 '패역한'이라는 표현이 매우 빈번하게 반복되어 있음을 눈여겨보아야 합니다.

그러니 에스겔은 의문이 생깁니다. 듣지도 않고 돌이키지도 않을 텐데 적대적인 사람들에게 굳이 심판의 메시지를 전하는 것이 무슨 소용인가 싶었을 것이고 자신의 역할에도 근본적인 의문을 가지게 되었을 것입니다. 누구나 쓸모 있는 일을 하고 싶고, 자신이 하는 일이 의미 있는 일이라고 확신하기를 원합니다. 그런데 하나님은 이스라엘 백성들의 반응은 중요한 문제가 아니니 그들이 듣든지 안 듣든지는 신경 쓰지 말라고 하십니다. 7절입니다. "그들은 심히 패역한 자라 그들이 듣든지 아니 듣든지 너는 내 말로 고할지어다."

이스라엘 백성의 반응과 상관없이 에스겔이 전해야 하는 메시지는 이어지는 10절에 따르면 '애가와 애곡과 재앙의 말'이라고 합니다. 모든 것이 이미 다 무너진 것 같은, 기대와 희망이 사라진 것처럼 보이는 때에 절망적인 메시지를 전하라고 하시니 에스겔은 난감했을 것입니다. 백성들의 유일한 기대와 희망은 예루살렘이 아직은 건재하다는 것, 예루살렘 성전이 여전히 남아 있다는 것이었습니다. 여호와께서 영원히 그의 이름을 두겠다고 하신 예루살렘 성전이 남아 있으니 포로로 사로잡혀 온 유대인들은 여전히 희망을 품고 있었고, 많은 거짓 선지자들이 출현하여 그런 믿음과 희망을 부풀렸습니다.

그러나 하나님이 에스겔을 선지자로 세우시며 그에게 전하라고 맡기신 메시지의 내용은 희망적인 것이 아니라 절망적인 것이었습니다. 애가와 애곡과 재앙을 절망이 아닌 무엇으로 생각할 수 있겠습니까. 게다가 패역한 백성들인지라 그들이 듣고 돌이키리라는 기대도 품지 말라고 하십니다. 이 패역한 백성들에게 듣기 싫은 절망의 소식을 전해야 하는 사명이 에스겔에게 주어집니다. 그러니 에스겔은 심란했을 것입니다. 이 사명을 받은 에스겔의 반응을 봅시다.

> 14 주의 영이 나를 들어올려 데리고 가시는데 내가 근심하고 분한 마음으로 가니 여호와의 권능이 힘 있게 나를 감동시키시더라 15 이에 내가 델아빕에 이르러 그 사로잡힌 백성 곧 그발 강 가에 거주하는 자들에게 나아가 그 중에서 두려워 떨며 칠 일을 지내니라 (겔 3 : 14-15)

'근심하고 분한 마음'이란 표현은 쓰라리고 폭발하기 직전의 분노로 가득 찼다는 뜻이고 '두려워 떨며'라는 표현은 기가 막히고 얼이 빠진 상태를 말합니다. 하나님의 말씀을 들었는데 분노가 가득합니다. 마음이 갑갑하고 쓰라립니다. 얼이 빠져 정신을 차리지 못한 채로 일주일을 지낼 만큼 심란했습니다. '도대체 하나님은 왜 내게 이런 일을 맡겨 주셨을까? 위로를 전해도 시원찮을 이 시국에 하나님은 왜 심판을 선포하시는가?' 이런 마음이 들었을 것입니다.

살라고 외치는 파수꾼

7일이 지난 후에 하나님의 말씀이 다시 에스겔에게 임합니다. 이 일주일은 에스겔에게 어떤 의미였을까요. 아마도 에스겔이 쓰리고 기가 막힌 마음을 추스르고 다시 정신을 차리는 데 필요한 기간이었을 것입니다. 한편 어떤 학자들은 에스겔이 제사장으로 직무를 시작할 나이인 서른 살에 선지자로 부름을 받았는데, 제사장으로 세워졌더라면 하나님의 성전 안에서 일주일간 머무르며 위임식을 치러야 했다는 점을 지적합니다. 비록 그곳은 예루살렘도 아니고 성전이 없어 제사장이 될 수는 없지만, 하나님이 에스겔을 선지자로 세우시면서 제사장의 위임식 기간과 마찬가지로 7일의 시간을 주셨다는 해석입니다. 그렇게 7일이 지난 후, 선지자가 된 에스겔에게 하나님이 처음 주신 말씀이 이번 장의 본문 말씀입니다. 하나님은 에스겔을 파수꾼으로 세우셨다고 말씀하십니다. 파수꾼이 적의 동태를 감시하고 침입을 알려 사람들을 제때 피할 수 있도록 하는 책임을 맡은 것과 같이 에스겔도 그런 역할을 감당해야 합니다.

선지자가 파수꾼으로서 감당해야 하는 역할이 무엇인지 확인하기 전에, 먼저 선지서의 일반적 구조를 떠올려 봅시다. 이사야부터 말라기까지 선지서들을 보면 주로 전반부에는 심판을 선언하고 후반부에는 구원과 회복을 약속합니다. 먼저 이스라엘 백성들의 죄를 고발하고, 그로 인한 하나님의 심판을 경고합니다. 그러나 심판으로 언약이 깨어지고 끝나는 것이 아니라 하나님의 은혜에 근거한 회복이 약속됩니다. '하나님의 진노와 심판, 그리고 은혜에 근거한 구원과 회복'이 선지서의 전형적 구조를 이루는데 이 구조가 에스겔서에서 가장 두드러집니다. 에스겔을 파수꾼이라는 정체성으로 설정하는 본문 말씀은, 선지서 전반부의 주제인 '하나님의 진노와 심판' 단락을 묶어 주는 문학적 장치입니다. 에스겔에게 파수꾼 역할을 맡기시는 말씀은 한참 뒤로 가 33장에서 다시 반복됩니다.

내용은 본문과 거의 동일합니다. '파수꾼이 악인에게 경고했는데도 돌이켜 회개하지 않을 때는 그 악인이 자기 죄로 말미암아 죽겠지만, 파수꾼이 경고하지 않아서 죽게 되면 그 피의 값을 파수꾼에게 물을 것이다. 또 의인이 자기의 의로운 행위에서 돌이켜 악을 행하다 죽으면 그를 깨우치지 않은 파수꾼에게 그의 피 값을 찾겠다.' 이와 같은 내용의 말씀이 3장과 33장에서 반복됩니다. 성경을 읽다가 같은 내용이 반복될 때는 주의를 더 기울여야 합니다. 반복으로 강조를 하기도 하고, 반복으로 단락을 형성하기도 합니다. 본문 말씀과 33장에서 반복되는 파수꾼의 사명은 선지서 전반부, 즉 심판의 메시지를 묶어 주제를 드러내고 있습니다. 이스라엘 백성들이 패역하고 죄를 지어 심판이 임하지만, 하나님은 그들이 자신들의 죄를 깨닫고 돌이켜 살기를 원하신다는 주제입니다. 하나님은 그들이 자신들의 죄와 그로 인한 심판 속에서 속수무책으로 죽어 나가는 것을 원하지 않으십니다. 그래서 에스겔을 파수꾼으로 보내 그들에게 경고하게 하십니다. 악인에게도 돌이켜 살 기회를 주시고, 악이 창궐하여 심판을 피할 수 없는 세상 속에서 의인들이 낙심하여 의로운 삶을 살기를 포기하고 죽지 않도록 일깨우십니다. 이제 이스라엘의 죄를 지적하시고 무시무시한 심판을 선언하시는 메시지들이 3장과 33장 사이를 가득 채울 것입니다. 그러나 이 심판의 메시지 시작과 끝에 자리하여 단락을 형성하는 파수꾼의 사명이, 이 단락의 정서를 하나님의 분노와 이스라엘의 절망이 아니라 죽음으로 달려가는 백성을 향한 하나님의 애끓는 외침과 호소로 이해할 수 있게 합니다.

그런데 하나님이 파수꾼을 세워서 경고하시는 대상이 누구이며, 파수꾼이 감시해야 하는 적은 누구입니까. 여기서 파수꾼이 감시해야 할 적은 다른 누구가 아니라, 바로 하나님 자신이라는 점이 놀랍습니다. 이스라엘이 조심해야 할 대상, 그들의 생명을 쥐고 있는 존재는 대제국 바벨론이나 이방 나라가 아니라 하나님이십니다. 이스라엘을 위협하는 바벨론이나 앗수르, 아람이나 애굽과 같은 주변의 적대국들은 단지 하나님의 손에 붙들려 있는 심판의 도구일 뿐입니다. 그래서 본문에서도 나오듯 파수꾼이 주의를 기울여 살펴야 할 곳은 '하나님의 입'입니다. 죽이기도 하시고 살리기도 하시는 분이신 하나님은 악인을 향하여 '너는 반드시 죽으리라' 말씀하시는 분입니다. 의인에게도 경계하시며 '네가 의롭게 살아왔을지라도 만일 돌이켜 악을 행하면 그동안 의롭게 산 것이 헛되고 죽게 될 것이라' 말씀하십니다. 선지자를 통하여 '악을 행하지 말고 의를 행하라. 그것이 너희들의 살 길이다!'라고 하십니다.

살라고 주신 율법

'착하게 살아라'와 같은 뻔한 이야기를 주신 것이 아닙니다. 구약 시대에 악한 행위와 의로운 행위를 구별하는 기준은 율법입니다. 그런데 우리는 율법이라고 하면 의로움을 획득하도록 도와주는 지침서, 혹은 법전같이 생각합니다. 그러나 율법은 하나님과의 언약 관계 안에서 그 의미를 찾아야 합니다. 언약이 먼저 있었고, 그다음에 율법이 주어집니다. 이스라엘 백성들은 하나님과 언약 관계를 맺고 있습니다. 언약 관계의 개념이 모호하게 여겨진다면 부부 관계나 이성과의 진지한 관계, 연애를 생각해 보면 되겠습니다. 이런 관계는 상호의 신뢰와 헌신으로 유지되는 관계입니다. 서로가 서로에게 책임을 다해야 하고 신뢰를 깨지 말아야 합니다. 그렇지 않으면 관계가 깨어집니다. 하나님이 이스라엘 백성들과 언약을 맺고 그들에게 율법을 주시며 요구하시는 내용은, 언약에 근거하여 하나님의 백성이라는 정체성을 가지고 그들의 자리를 지키라는 것입니다.

결혼하여 부부가 되면 이전처럼 자유로운 한 개인일 수 없습니다. 부부가 되면 서로가 서로에게 묶입니다. 혼자 있을 때에도 그저 한 개인이 아니라 누구의 배우자라는 정체성을 지켜야 합니다. 결혼할 때 두 사람은 증인들 앞에서 서로에게 이렇게 서약합니다. 우리를 둘러싼 삶의 정황이 어떻게 바뀔지라도, 건강할 때나 병들었을 때나 부유할 때나 가난할 때나 변함없이 사랑을 지키며 배우자로서 성실하게 책임을 다하겠다고 말입니다. 이스라엘 백성과 하나님의 관계 역시 서로에 대한 헌신의 서약으로 시작한 언약 관계입니다. 언약으로 하나님은 자발적으로 이스라엘 백성들과 묶이셨고, 이스라엘도 하나님과 떼려야 뗄 수 없는 관계로 들어갔습니다. 이스라엘은 어떤 상황에서도 하나님의 백성답게 살겠노라고 다짐했고 하나님도 변함없이 이스라엘의 하나님으로서 언제까지나 그들과 맺은 언약에 충실하겠다 약속하셨습니다.

신명기 말씀은, 이스라엘 백성이 가나안 입성을 목전에 두고 하나님과 새롭게 언약을 갱신할 때 모세가 한 설교입니다. 신명기의 핵심은 '리마인드(remind)'입니다. 신명기에서 모세는 백성들에게 하나님과 맺고 있는 언약 관계를 잊지 말라고 당부하며 지나온 길을 되돌아보라고 요청합니다. '하나님의 백성으로 지나온 광야 사십 년 길을 돌아보라. 하나님만이 너희의 생명이심을 알게 될 것이다. 하나님은 늘 신실하게 너희의 필요를 아시고 채우셨다. 그리하여 사람이 떡으로 사는 것이 아니라 하나님의 입에서 나오는 말씀으로 사는 줄을 알게 하셨다. 그러니 하나님이 너희에게 신실하셨듯이 너희도 하나님에게 신실할 것을 서약하라. 그리고 앞으로 너희가 들어가는 가나안 땅에서도 이 광야에서 그랬던 것처럼 생명은 하나님만이 주신다는 사실을 믿고 하나님의 백성으로 신실하게 살아라. 그렇게 서약하라.' 이렇게 촉구합니다.

사랑하는 사람과 진지한 관계를 시작하면 서로 꼭 지켜야 할 약속들이 생겨나는 법입니다. 일주일에 두 번 이상은 얼굴을 보고, 하루에 세 번은 통화하고, 생일이나 기념일을 기억해서 꼭 함께 기념하는 등 세세한 약속들이 생겨나는 법이고, 그 약속들을 잘 지켜서 상대방을 기쁘게 하는 일을 기꺼이 나의 책임으로 여기는 것이 사랑의 관계입니다. 하나님도 이스라엘 백성들에게 하나님을 사랑하는 법을 가르쳐 주셨고, 그것이 백성들에게 율법으로 주어졌습니다. 하나님이 율법을 주신 것은 백성들을 시험하기 위함도 아니고 그들의 자유를 박탈하고자 함도 아닙니다. 하나님은 사랑을 나누고 싶어 하십니다. 사람은 하나님과 사랑을 나눌 때, 하나님 안에 있는 생명과 모든 풍성한 것들을 누릴 수 있게 되기 때문입니다.

물론 이 계명들을 어기면 심판이 임할 것이지만 그것은 백성들을 죽이기 위함이 아니라 그들이 생명의 하나님을 배반했기 때문에 필연적으로 마주할 수밖에 없는 생명의 결핍이요, 은혜의 결핍입니다. 그들 스스로가 죽음을 선택하는 것이기에 하나님이 분노하십니다. 사랑하는 사람이 눈에 뻔히 보이도록 망하는 길, 죽는 길로 내달린다면 누구나 소리칠 것이고, 그 목소리에는 필연적으로 분노가 담길 것입니다. 이것은 죽으라는 분노가 아닙니다. 왜 뻔히 죽는 길로 달려가느냐는 분노입니다. 하나님은 자기 백성이 잘 살기를 원하십니다. 그래서 언약에 충실할 것을 요구하고 그들을 일깨우십니다. 이 언약에 성실하면 들어가도 복을 받고 나와도 복을 받고 너희의 소산에, 너희가 하는 모든 일에 복을 내리겠지만, 이 계명들을 지키지 않고 사랑을 저버린다면 들어와도 저주를 받고 나가도 저주를 받고 너희의 대적들이 너희를 흩을 것이라는 경고의 메시지를 신명기에 담아 주십니다. 그러나 이스라엘 백성들이 언약을 저버리고 죄를 범하여 하나님이 경고하신 대로 이스라엘 땅에서 뽑혀 나가 온 땅에 흩어

질지라도, 역설적으로 그들에게는 언약에 근거한 소망이 주어져 있습니다. 신명기 30장입니다.

1 내가 네게 진술한 모든 복과 저주가 네게 임하므로 네가 네 하나님 여호와로부터 쫓겨간 모든 나라 가운데서 이 일이 마음에서 기억이 나거든 2 너와 네 자손이 네 하나님 여호와께로 돌아와 내가 오늘 네게 명령한 것을 온전히 따라 마음을 다하고 뜻을 다하여 여호와의 말씀을 청종하면 3 네 하나님 여호와께서 마음을 돌이키시고 너를 긍휼히 여기사 포로에서 돌아오게 하시되 네 하나님 여호와께서 흩으신 그 모든 백성 중에서 너를 모으시리니 4 네 쫓겨간 자들이 하늘 가에 있을지라도 네 하나님 여호와께서 거기서 너를 모으실 것이며 거기서부터 너를 이끄실 것이라 5 네 하나님 여호와께서 너를 네 조상들이 차지한 땅으로 돌아오게 하사 네게 다시 그것을 차지하게 하실 것이며 여호와께서 또 네게 선을 행하사 너를 네 조상들보다 더 번성하게 하실 것이며 6 네 하나님 여호와께서 네 마음과 네 자손의 마음에 할례를 베푸사 너로 마음을 다하며 뜻을 다하여 네 하나님 여호와를 사랑하게 하사 너로 생명을 얻게 하실 것이며 7 네 하나님 여호와께서 네 적군과 너를 미워하고 핍박하던 자에게 이 모든 저주를 내리게 하시리니 8 너는 돌아와 다시 여호와의 말씀을 청종하고 내가 오늘 네게 명령하는 그 모든 명령을 행할 것이라 (신 30 : 1-8)

여전히 언약을 지켜야 할 이유

벌을 받고 온 땅에 흩어진 이스라엘 백성들에게 하나님이 구원과 회복을 약속하십니다. 에스겔 시대에 포로로 사로잡혀 온 유대인들처럼 모든 것이 다 끝장나 버린 것 같은 상황에서도 하나님은 얼마든지 돌이키고 회복할 수 있다고 하십니다. 그래서 하나님은 에스겔을 파수꾼으로 세워, 이스라엘은 끝장난 것이 아니니 지금이라도 돌이키라고 외치게 하셨습니다.

하나님이 에스겔을 통해 사로잡힌 유다 백성들에게 전하시는 가장 중요한 메시지는 예루살렘의 다윗 왕조와 성전이 무너져도 그들과 하나님의 관계는 끝나지 않는다는 사실입니다. 하나님은 예루살렘과 성전을 무너뜨리실 것입니다. 대부분의 유대인 포로들은 예루살렘의 멸망이 곧 언약 관계의 비극적 종말이라고 생각하겠지만 그런 정황 속에서도 하나님과 그 백성 간의 언약 관계는 여전히 유지됨을, 모세는 신명기에서 이미 내다보고 있습니다.

그래서 하나님은 에스겔을 파수꾼으로 세우십니다. 심판이 선포되고 시행되어 가는 암울한 이스라엘 역사 속에서, 모든 소망이 끊어져 버린 것 같은 상황 속에서 여전히 하나님의 언약 백성으로 살아야 할 이유가 있는가 하는 질문 앞에 서게 된 이스라엘 백성들에게 오늘도 여전히 언약을 지키고 율법을 묵상하며 하나님의 백성으로 살 이유가 있음을 일깨워 주는 역할로 에스겔을 세우십니다.

하나님은 이스라엘 백성들이 살기를 원하십니다. 목숨만 붙어 있는 그런 삶이 아니라 하나님이 허락하시는 복을 풍성히 누리는 복된 삶입니다. 하나님은 백성들이 언약 관계 안에서 주어지는 풍성한 복을 마음껏 누리기를 원하십니다. 또한 진정한 복을 누리는 풍성한 삶은 환경에 달린 것이 아님을 가르쳐 주십니다.

에스겔보다 조금 앞선 시대에 유대 땅에서 파수꾼으로 사역했던 하박국이라는 선지자가 있습니다. 하박국 1장에서 선지자가 자기 백성의 포악한 죄를 고발하자 하나님은 이스라엘을 북방의 이방 민족으로 쓸어버리겠다고 말씀하십니다. 하박국은 놀라 항의합니다. 악을 고치는 것이 아니라 죽여 버리고 끝내시겠다는 말씀인가, 그렇다면 하나님이 악을 벌하기 위하여 더 큰 악을 동원하시는 것이 아닌가 하고 항변합니다. 그러자 하나님이 이렇게 답하십니다. 하박국 2장을 보겠습니다.

1 내가 내 파수하는 곳에 서며 성루에 서리라 그가 내게 무엇이라 말씀하실는지 기다리고 바라보며 나의 질문에 대하여 어떻게 대답하실는지 보리라 하였더니 2 여호와께서 내게 대답하여 이르시되 너는 이 묵시를 기록하여 판에 명백히 새기되 달려가면서도 읽을 수 있게 하라 3 이 묵시는 정한 때가 있나니 그 종말이 속히 이르겠고 결코 거짓되지 아니하리라 비록 더딜지라도 기다리라 지체되지 않고 반드시 응하리라 4 보라 그의 마음은 교만하며 그 속에서 정직하지 못하나 의인은 그의 믿음으로 말미암아 살리라 (합 2:1-4)

하박국도 파수꾼처럼 망루에 서서 하나님의 입에서 나오는 말씀에 집중합니다. 자신이 제기한 질문에 대한 답을 기다립니다. 하나님의 답은 '이 일은 반드시 이루어진다. 내가 확정했다'라는 것이었습니다. 그러나 4절 말미에 이 심판 속에서도 의인은 믿음으로 산다고 말씀하십니다. 그리고 이어지는 말씀에서 바벨론도

악을 행한 대로 심판을 받을 것이라고 하십니다. 에스겔 4장부터 24장까지의 유다를 향한 심판의 말씀과, 25장부터 32장까지의 열방을 향한 심판의 말씀이 하박국서에는 단 두 장으로 압축되어 있습니다. 이스라엘도 바벨론도 열방들도 악을 행하면 심판을 면치 못합니다. 그러나 살 수 있는 길이 있습니다. 의롭게 사는 것입니다. 하나님은 이미 모세를 통해 이스라엘 백성들에게 살 수 있는 길을 알려 주셨고 이후로도 계속 선지자들을 세워 알려 주십니다.

드디어 하나님의 말씀을 들은 하박국이 항복하여 3장에서 이렇게 고백합니다. "하나님! 하나님의 뜻이 이루어지기를 원합니다. 바벨론을 통하여 이 민족을 심판하시려는 하나님의 계획을 다 이해할 수는 없지만, 의인은 믿음으로 살 것이라 하신 하나님의 말씀을 믿습니다. 이 심판 속에서도 공의와 구원을 행하실 하나님을 믿습니다. 그러니 하나님을 따르는 의인으로서 하나님이 이루실 일을 바라보며 서겠습니다." 이런 고백 후에 우리가 잘 아는 노래로 하박국서가 끝납니다.

17 비록 무화과나무가 무성하지 못하며 포도나무에 열매가 없으며 감람나무에 소출이 없으며 밭에 먹을 것이 없으며 우리에 양이 없으며 외양간에 소가 없을지라도 18 나는 여호와로 말미암아 즐거워하며 나의 구원의 하나님으로 말미암아 기뻐하리로다 19 주 여호와는 나의 힘이시라 나의 발을 사슴과 같게 하사 나를 나의 높은 곳으로 다니게 하시리로다 (합 3 : 17-19 상)

에스겔서 전반부의 메시지는 정죄와 심판입니다. 그러나 하나님이 무정한 심판관의 얼굴로 잘못을 지적하고 아무런 감정 없이 심판을 선고하는 것처럼 생각해서는 안 됩니다. 이대로 놓아두면, 그들은 아무 문제가 없는 줄 알고 깨우치지 못하여 결국 망하고 죽을 것이기에, 애끓는 마음으로 그들을 일깨우시기 위하여 충격을 주시고 정신을 차리게 하시는 것입니다. 비록 예루살렘은 무너지고 성전도 훼파되겠지만 언약은 여전히 유효하고 하나님의 백성으로 살 이유도 여전히 있음을 알게 하시기 위해서입니다.

우리 시대

우리가 사는 시대를 떠올려 보면 좋겠습니다. 소망이 없는 시대, 악이 창궐하는 시대라고 합니다. 교회도 목사도 타락하여 세상에 희망이 없다고 사람들이 말합니다. 하나님이 우리를 심판하신다고 해도 변명할 수 없을 것 같은 시대입니다. 하나님을 사랑하고 이웃을 사랑하라는 가르침은 외면한 채 진리를 가졌다는 자부심으로 정죄하고 비난하는 데 몰두합니다. 이 시대 교회에 소망이 있을까 하고 우리의 모습을 점검해 보아도 좀처럼 희망을 찾기 어렵습니다. 이런 큰 흐름 속에서 나 하나 잘한다고 무슨 의미가 있을까 싶습니다. 그러나 하나님은 지금 우리가 선 그 자리에서 온 힘을 다해 하나님에게로 돌이키라고 말씀하십니다. 여전히 의를 따르고 하나님의 언약 백성으로서의 정체성을 지켜야 할 이유가 있음을 증언하라고 하십니다. 하나님은 에스겔을 파수꾼으로 세우신 것처럼, 하나님을 귀히 여기고 하나님과 맺은 언약에 성실한 사람들을 통하여 사람들을 일깨우십니다.

하박국은 '진노 중에라도 긍휼을 잊지 마옵소서'라고 기도했습니다. 하나님의 진노와 심판을 돌이킬 수는 없어도, 언약을 지키시고 긍휼이 많으신 하나님을 증언하는 사람을 통하여 하나님은 백성들이 돌이켜 살 기회를 끝까지 열어 두십니다. 하나님의 심판은 백성들이 죽음을 자초하는 삶의 방식을 버리고 진정한 삶의 길을 찾게 하고자 행하시는 외과 수술 같은 것입니다.

에스겔을 파수꾼으로 세워 외치게 하시는 하나님의 모습 속에서, 모든 것이 무너져 버린 지금, 돌이킬 수 없는 심판의 열차에 올라타 있는 것 같은 우리의 오늘이라 할지라도 여전히 우리가 돌이켜 살기 원하시는 하나님의 애끓는 자비와 긍휼을 읽어 낼 수 있어야 합니다. 하나님은 이스라엘 백성들이 살기를 바라십니다. 그러나 살기 위해서 먼저 직면해야 할 것이 있습니다. 하나님이 무조건 내 편이 되어 주실 것이라는 막연한 기대가 깨어지는 지점에 다다라야 합니다. 우리가 하나님의 뜻을 따르지 않고도 하나님이 우리를 지켜 주실 거라고 기대하는 것은 물속에 들어가서도 숨을 쉴 수 있으리라고 기대하는 것과 마찬가지입니다. 아무리 환경이 부요해도 생명의 길에서 벗어나면 죽음을, 심판을 피할 수 없습니다. 반대로 절망과 죽음에 둘러싸였을지라도 여전히 생명의 길이 열려 있음을, 하나님이 말씀을 통하여 설득하고 계십니다. 이 생명의 길, 하나님을 사랑하고 이웃을 사랑하는 생명의 길을 택하여 걷고 증언하는 우리가 되기를 바랍니다.

기도

하나님 아버지, 감사합니다. 우리를 불러 하나님의 말씀 앞에 세우시는 하나님, 파수꾼을 세워서 우리의 죄를 고발하시는 하나님, 또한 우리를 그 파수꾼으로 부르시는 하나님의 모습을 본문 말씀을 통해서 봅니다.

하나님, 하나님은 진노 중에라도 긍휼을 잊지 않으시는 하나님이십니다. 우리가 무엇으로 사는지 깨우치시기 위하여 모든 거짓된 것을 기꺼이 깨뜨리시며, 그 일을 위해서라면 하나님의 명예를 더럽히는 일들도 마다하지 않으시는 집념의 하나님을 보게 됩니다.

하나님, 하나님이 그 집념으로 우리 가운데 일하고 계시니, 우리의 거짓된 평안, 우리가 오해하고 있는 여러 가지 조건들, 있어야만 된다고 하나님께 구하는 여러 가지 삶의 조건들을 다 내려놓고 하나님이 지금 우리에게 말씀하시는 바, 하나님이 지금 우리에게 깨우쳐 주시는 바가 무엇인지를 들을 수 있는 귀를 허락하여 주옵소서. 그 말씀을 듣고 돌이키는 우리가 되게 하시고 우리 또한 파수꾼이 되어 이 세상 앞에 서게 하여 주옵소서. 예수님의 이름으로 기도합니다. 아멘.

그 죄악을 담당하다

강선

1 너 인자야 토판을 가져다가 그것을 네 앞에 놓고 한 성읍 곧 예루살렘을 그 위에 그리고 2 그 성읍을 에워싸되 그것을 향하여 사다리를 세우고 그것을 향하여 흙으로 언덕을 쌓고 그것을 향하여 진을 치고 그것을 향하여 공성퇴를 둘러 세우고 3 또 철판을 가져다가 너와 성읍 사이에 두어 철벽을 삼고 성을 포위하는 것처럼 에워싸라 이것이 이스라엘 족속에게 징조가 되리라 4 너는 또 왼쪽으로 누워 이스라엘 족속의 죄악을 짊어지되 네가 눕는 날수대로 그 죄악을 담당할지니라 5 내가 그들의 범죄한 햇수대로 네게 날수를 정하였나니 곧 삼백구십 일이니라 너는 이렇게 이스라엘 족속의 죄악을 담당하고 6 그 수가 차거든 너는 오른쪽으로 누워 유다 족속의 죄악을 담당하라 내가 네게 사십 일로 정하였나니 하루가 일 년이니라 7 너는 또 네 얼굴을 에워싸인 예루살렘 쪽으로 향하고 팔을 걷어 올리고 예언하라 8 내가 줄로 너를 동이리니 네가 에워싸는 날이 끝나기까지 몸을 이리 저리 돌리지 못하리라 (겔 4:1-8)

이상한 파수꾼

여호와 하나님이 이번에는 에스겔을 들로 불러내십니다. '여호와께서 권능으로 거기서 내게 임하시고 또 내게 이르시되 일어나 들로 나아가라 내가 거기서 너와 말하리라'(겔 3:22). 에스겔은 거기서 다시 여호와의 영광을 보게 됩니다. 하나님이 말씀하십니다.

24 주의 영이 내게 임하사 나를 일으켜 내 발로 세우시고 내게 말씀하여 이르시되 너는 가서 네 집에 들어가 문을 닫으라 25 너 인자야 보라 무리가 네 위에 줄을 놓아 너를 동여매리니 네가 그들 가운데에서 나오지 못할 것이라 26 내가 네 혀를

네 입천장에 붙게 하여 네가 말 못하는 자가 되어 그들을 꾸짖는 자가 되지 못하게 하리니 그들은 패역한 족속임이니라 (겔 3:24-26)

세 가지 말씀을 하십니다. 먼저, '가서 네 집에 들어가 문을 닫으라'라는 명령입니다. 에스겔에게 집에만 있으라고 하십니다. 또 '무리가 네 위에 줄을 놓아 너를 동여맬 것이다'라고 하십니다. 사람들이 선지자를 묶어 놓을 것인데, 자유롭게 움직일 수 없으니 에스겔은 마음대로 사람들을 보러 나갈 수 없을 것입니다. 끝으로 '내가 네 혀를 네 입천장에 붙게 하여 말 못하는 자가 되게 할 것'이라고 하십니다. 에스겔은 말을 못하게 되어 사람들을 꾸짖을 수 없습니다.

이 말씀을 이해하려면 하나님이 에스겔에게 맡기신 역할이 무엇인지를 생각해야 합니다. 앞서 하나님은 에스겔을 '파수꾼'으로 세운다고 하셨습니다. "인자야 내가 너를 이스라엘 족속의 파수꾼으로 세웠으니 너는 내 입의 말을 듣고 나를 대신하여 그들을 깨우치라"(겔 3:17).

파수꾼이란 사람들을 깨우는 사람입니다. 쉬고 있는 사람들을 깨어나게 하는 것, 닥쳐오는 위험을 미리 알려서 사람들이 정신 차리고 그 위험을 피할 수 있게 하는 것이 파수꾼의 역할입니다. 이점을 염두에 두고 하나님의 말씀을 다시 보면, 질문이 생깁니다.

에스겔은 파수꾼, 곧 경고를 하는 사람으로 부름을 받았습니다. 자는 사람도 깨워서 듣게 하는 것이 그의 책임일 텐데, 하나님이 이 사람의 행동으로 정해 주시는 것이 무엇입니까. '집 밖에

못 나간다. 묶여서 자유롭게 행동할 수 없을 것이다.' 그리고 결정적으로 '말도 못 할 것이다'라는 것입니다.

이런 모습으로 어떻게 파수꾼 역할을 수행할 수 있을까요. 파수꾼이라면 응당 높은 성벽에 올라가서 멀리 바라보고, 무슨 일이라도 생기면 큰 소리로 알려야 합니다. 그런데 이 사람은 묶인 채 집 안에 있습니다. 무슨 일이 벌어지든 먼저 알아볼 수가 없습니다. 말도 못하니, 설령 무슨 일이 일어났는지 알아챘다고 해도 큰 소리로 알릴 수 없습니다. 하나님은 에스겔을 파수꾼으로 불러 놓고 무엇을 하시겠다는 것일까요.

여기서 한 가지 더 생각해 볼 수 있습니다. 파수꾼 역할인 '깨우치기' 곧 경고란 무엇인가 하는 것입니다. 하나님이 시키신 대로 에스겔은 이스라엘에게 경고를 해야 합니다. 하지만 이 경고가 알리는 위험은 마음만 먹으면 쉽게 피할 수 있는 것이 아니었습니다.

우선, 에스겔의 청중은 포로로 잡혀 온 무리입니다. 예루살렘의 운명을 책임지고 있는 사람은 이들이 아니라, 아직 예루살렘에 사는 사람들일 것입니다. 포로로 잡혀 온 유다 사람들이 저 멀리 떨어진 예루살렘의 앞날에 무슨 영향을 끼칠 수 있겠습니까. 이런 사람들 앞에 에스겔이 파수꾼으로 서 있습니다.

또 에스겔의 경고는 우리에게 익숙한 종류의 것이 아니었습니다. 쉽게 생각할 수 있는 것은 '지금 불이 났으니 얼른 나가라'와 같은 경고입니다. 이런 경고는 그 말에 따라 당장 움직이면 됩니다. 하지만 에스겔이 할 수 있는 경고는 이런 유의 것이 아닌 것 같습니다. 또 이 사람은 파수꾼인데 묶여 있기에 집 밖으로 나갈 수도 없고, 더욱이 목소리조차 낼 수 없습니다. 화재 경고 같은 일은 아예 할 수 없습니다.

그렇다고 그가 할 경고는 미래의 향방을 바꿀 강한 자극 같은 경고도 아니었습니다. 우리는 '너 하는 걸 보니, 앞으로 10년 동안은 좋은 일이 있기 어렵겠구나' 같은 말을 들을 수 있습니다. 정신 차리고 지금까지와는 다르게 행동하라는, 따끔한 꾸중입니다. 그러나 에스겔이 이스라엘 족속에게 해야 할 경고는 이런 것도 아니었습니다. 앞서 예레미야 선지자 등이 예언한 것처럼 유다는 결국 망할 것입니다. 그러니 설득력 있는 경고 몇 마디 한다고 정신 차리게 될 것이 아니었습니다. 그는 미래에 대한 낙관을 하지 못하면서 경고를 했습니다. 다가올 10년은 어떻게 해도 좋은 일 없는 괴로운 시간일 것을 선지자는 분명히 알고 있습니다.

하지만 이스라엘 백성은 도무지 바뀔 가능성이 없어 보이는 이들이니, 저주를 내뱉듯 고성(高聲)으로 경고의 목소리를 내지르면 되는 것도 아닙니다. 하나님에게 이스라엘은 어느 때에도 저주하고 버리면 될 대상이 아니기 때문입니다. 파수꾼으로서 에스겔이 하는 경고는 바로 이런 결을 가진 것입니다. 그는 말 몇 마디로 사람들이 바뀔 것이라 생각할 수 없었습니다.

사실 에스겔은 파수꾼이기는 하지만 망대에 갈 필요도, 소리를 내지를 필요도 없습니다. 왜냐하면 그의 청중은 무슨 소리를 해도 듣지 않을 사람들이기 때문입니다. 이 점이 계속해서 강조됩니다. 그들은 말을 듣지 않을 '패역한 족속' 곧 '반역하는 족속'

입니다.

> 26 내가 네 혀를 네 입천장에 붙게 하여 네가 말 못하는 자가 되어 그들을 꾸짖는
> 자가 되지 못하게 하리니 그들은 패역한 족속임이니라 27 그러나 내가 너와 말할
> 때에 네 입을 열리니 너는 그들에게 이르기를 주 여호와의 말씀이 이러하시다 하
> 라 들을 자는 들을 것이요 듣기 싫은 자는 듣지 아니하리니 그들은 반역하는 족속
> 임이니라 (겔 3:26-27)

에스겔은 대체 무슨 일을 감당하게 될까요. 절대 마음을 바꾸지 않을 이들 앞에 서서, 그들에게는 관심도 없는 미래를 홀로 직면하게 됩니다.

아니, 그저 보는 정도가 아니라 실제로 겪습니다. 그는 밖으로 나가 망대 위에 가지 않아도 이스라엘이 겪을 일을 다 알게 됩니다. 왜냐하면 그가 그 일을 몸소 겪을 것이기 때문입니다. 그리고 그 일을 사람들에게 말이 아니라 몸으로 보여 주게 됩니다. 이것이 에스겔의 임무입니다.

우리는 많은 권면을 듣고 삽니다. '이렇게 마음을 바꿔 봐. 그러면 다른 결과가 나올 거야.' 우리도 이렇게 조언을 합니다. '이일은 이런 것이니까, 네가 저렇게 행동하면 상황이 달라질 거야.'

우리가 주고받는 말을 들어 보면, 변화는 언제나 가능해 보입니다. 우리가 신경 쓸 것은 변화를 이끌어 내도록 상대를 잘 설득하거나, 내 마음을 잘 추슬러 조언에 따라 좋은 방향으로 나아가는 일인 것 같습니다.

그러나 우리 삶이 정말 그러할까요. 변화는 그렇게 마음먹기만 하면 따라오는 것일까요. 실은 우리에게 변화는 좀체 없습니다. 새해를 맞을 때마다 새로이 결심을 하고, 한 해에도 여러 번 새롭게 마음을 먹어 보지만, 그간 우리 삶에 무슨 변화가 있었습니까. 그렇게 하여 우리는 올해 좋은 변화를 많이 일구어 냈을까요. 아니면, 올해도 작년 이맘때와 비슷합니까.

　　때로 정말 그렇게 결의를 다져서 놀라운 결과를 얻은 적도 있습니다. 그러나 그런 일은 그리 자주 있지 않습니다. 얼마나 드문 일인지, 그렇게 놀라운 전환은 일생의 사건으로 두고두고 이야기됩니다. '그때 내가 말이야' 하고 신이 나서 꺼낼 이야기가 우리 평생에 두어 번이나 있겠습니까. 더는 정신 차리지 않으면 정말 끝장일 것 같은 위기를 실감할 때에야 아주 드물게 찾아오는 일입니다.

　　대개 우리는 그대로입니다. 그래서 변화가 거의 불가능합니다. 결혼하는 부부들에게 자주 하는 말이 있습니다. '상대를 바꾸려고 하지 마라.' 우리 현실이 대개 그렇습니다. 잘 바뀌지 않는 현실은 우리를 당혹스럽게 합니다. 에스겔이 당면한 현실이 바로 그런 것입니다. 그는 도무지 바뀌지 않는 사람들 앞에 서 있습니다.

　　지금 하나님은 에스겔을 그런 사람들 앞에 세우십니다. '내가 너를 이스라엘 자손 곧 패역한 백성, 나를 배반하는 자에게 보내노라'(겔 2:3). 네가 만날 사람들은 내내 안 바뀌고 나를 거스르는 자들이라고, 하나님은 처음부터 못을 박으십니다.

이런 언급을 보면, 지난 역사 내내 하나님도 실패하신 것 같은데, 에스겔 하나 보내서 무슨 변화를 이루려고 하시는 걸까 하는 생각도 듭니다. 비유하자면, 에스겔은 지금 벽 앞에 서 있는 것과도 같습니다. 도무지 움직이지도 흔들리지도 않는 패역한 벽, 거스르는 벽 앞에 서 있습니다.

다가올 미래

에스겔은 벽과 같은 이스라엘 자손들 앞에서 경고합니다. 그 내용은 이대로 살다가는 어떤 결과를 초래하게 될 것인가에 대한 것입니다. 그는 상황이 쉽사리 바뀔 것이라는 기대 없이, 패역한 그들이 맞이할 미래를 말합니다. 그는 자기가 책임을 다하기만 하면 그들이 변할 것이라는 쉬운 기대를 버리고, 그들에게 올 미래는 보여 주어 경고해야 했습니다.

그들이 맞이하게 될 미래는 무엇입니까. 에스겔 4장과 5장은 하나로 묶어 읽을 수 있습니다. 4장 1절에서 5장 4절을 보면, 하나님은 에스겔에게 몇 가지 행동을 하게 하십니다. 그리고 이어지는 5장 5절부터 17절에서 에스겔의 입을 열어 그 행동들의 의미를 사람들에게 알리게 하십니다. 그 의미를 따지기에 앞서, 선지자가 펼치게 될 행동에 대해 살펴봅시다.

4장 1절에서 3절을 보면, 하나님은 에스겔에게 진흙판을 가져다가 예루살렘을 그리라고 하십니다. 이 진흙판은 당시에 글자를 적어 놓기도 하던 판인데, 거기에 예루살렘 모양을 새기고 그

주위에 성을 포위하고 있는 군대의 모형을 만들라고 하십니다. 그리고는 철판을 하나 가져다가 에스겔과 그 진흙판 사이에 두라고 하십니다.

긴 설명이 없이도 뜻을 알 수 있습니다. 예루살렘 성은 포위될 것입니다. 성을 무너뜨리려고 온갖 무기가 동원될 것입니다. 당시 세계 최강의 군대 바벨론의 무기들이 예루살렘을 과녁으로 삼고 있습니다. 간담이 서늘해질 장면입니다.

그런데 더 심각한 일은 이 성 밖에 누가 있느냐 하는 것입니다. 예루살렘의 적은 당시 최강의 군대, 바벨론의 군대만이 아닙니다. 여기서 에스겔은 하나님 역할을 맡습니다. 하나님이 성 바깥에 계시는 것입니다. 그분과 예루살렘 사이에 철벽이 놓여 있습니다. 서로를 볼 수 없게 막혀 양쪽을 오고 갈 수가 없습니다. 어떤 중재도 불가능한 상황을 그리고 있습니다.

궁극적으로 이 성을 에워싸고 공격하고 있는 이는 하나님이십니다. 세상의 주인께서 적대적인 태도를 지니고 예루살렘을 노려보고 계신다면, 그곳은 공기의 밀도가 어떻겠습니까.

예루살렘이 왜 이런 일을 맞게 되는지에 대해 4장 4절에서 8절 말씀이 설명합니다. 하나님은 에스겔에게 왼쪽으로 누우라고 하십니다. 390일 동안 그렇게 누우라고 하시니 1년이 넘는 기간입니다.

이렇게 누워 있는 것이 온종일인지, 아니면 잘 때만인지는 모르겠지만 하여튼 에스겔은 누울 때면 왼쪽으로만 눕습니다. 그렇게 하여 선지자는 이스라엘 족속의 죄악을 짊어집니다.

에스겔은 지금 아무 말도 하지 못하고 있습니다. 갑자기 말을 하지 못하게 된 것 자체가 사건이었을 텐데, 전도유망하던 예비 제사장이 벙어리가 되어 자꾸 야릇한 행동을 하고 있습니다.

그렇게 1년이 넘는 시간이 지난 후, 그다음에는 40일 동안 오른쪽으로만 누워 있습니다. 이번에는 유다 족속의 죄악을 담당하는 것입니다. 에스겔은 몸을 이리저리 돌릴 수 없습니다. 얼마나 불편했겠습니까. 우리는 하룻밤 사이에도 이리저리 뒤척입니다. 그래야 편히 잘 수 있습니다. 그런데 에스겔은 몸이 줄로 동여진 채 뒤척거리지도 못하며 430일을 지냅니다.

그 기간 그에게는 눕는 것이 세상에서 제일 무서운 일이었을 것입니다. 처음에는 바닥에 닿는 곳이 불편하고, 좀 지나면 배겨서 아프고, 시간이 더 지나면 감각이 무뎌질 것입니다. 이 불편함은 죄악을 짊어지며 살 때 겪는 괴로움입니다. 죄악을 짊어지며 산다는 것은 이토록 불편한 것이라는 사실을 에스겔이 몸소 보여 주고 있습니다.

이렇게 불편하게 누워 지내는 390일은 390년을 뜻한다고 볼 수 있습니다. 계산해 보면 예루살렘 성전 완공 후 지나온 시간입니다. 이스라엘 역사 전체를 아우르는 시간입니다.

하나님이 선지자를 통해 그들의 역사 전체가 무엇인지 보여 주십니다. 반듯하게 있지 못하고 틀어진 것, 그것이 이들의 역사입니다. 가장 편해야 하는 시간마저 고통스러운 시간이 되어 버린 것이 그들의 역사입니다. 그리고 마침내 이스라엘 족속은 무서운 적대 세력에게 포위되는 미래를 맞습니다. 이게 다가 아닙니다.

이어서 하나님은 에스겔에게 자는 방법뿐 아니라, 먹는 방법도 상세히 지시하십니다. 에스겔은 390일 동안 이렇게 먹습니다.

> 9 너는 밀과 보리와 콩과 팥과 조와 귀리를 가져다가 한 그릇에 담고 너를 위하여 떡을 만들어 네가 옆으로 눕는 날수 곧 삼백구십 일 동안 먹되 10 너는 음식물을 달아서 하루 이십 세겔씩 때를 따라 먹고 11 물도 육분의 일 힌씩 되어서 때를 따라 마시라 (겔 4:9-11)

하나님은 에스겔에게 여러 곡식을 가져다가 떡을 만들라고 하십니다. 여러 곡식으로 만들지만 양은 많지 않습니다. 하루에 이십 세겔씩으로 양을 정하셨는데, 우리에게 익숙한 단위로는 230그램쯤 되는 중량입니다. 우리가 먹는 밥 한 공기 정도 되는 양인데 이것을 하루치로 삼습니다. 이 정도만 먹고 제대로 생활할 수 있을까요. 이 정도의 양은 체중이 10킬로그램쯤 나가는 개가 하루에 먹는 사료의 양입니다. 성인 남자가 먹고살 만한 양이 아닙니다.

먹을 물의 양도 정해 주시는데, 하루에 육분의 일 힌으로, 우리에게 익숙한 단위로 바꾸면 600밀리리터 정도 됩니다. 그러니까 하나님은 에스겔에게 생수 두 병과 밥 한 공기로 하루를 살며 390일을 지내라고 하시는 것입니다.

지금 하나님은 에스겔에게 먹는 방법이 아니라 굶는 방법을 알려 주시는 셈입니다. 이런 식으로 13개월을 먹으면, 초췌하기가 이를 데 없을 것입니다. 뼈에 가죽만 씌워 놓은 형상, 바람만 불어도 날아갈 그런 몸이 될 것입니다. 하나님은 에스겔에게 억하심정이라도 있으신 걸까요.

지금 에스겔은 이렇게 자고 이렇게 먹으며 무엇을 하는 것일까요. 그는 이스라엘의 죄악을 짊어지고 있는 중입니다. "너는 또 왼쪽으로 누워 이스라엘 족속의 죄악을 짊어지되 네가 눕는 날수대로 그 죄악을 담당할지니라"(4:4). 죄악을 짊어지고 사는 것이 이런 일이라고 증언하고 있습니다.

여기에 요리법이 추가됩니다. "너는 그것을 보리떡처럼 만들어 먹되 그들의 목전에서 인분 불을 피워 구울지니라"(겔 4:12). 사람 배설물로 빵을 구우라고 하십니다. 에스겔이 이런 음식을 먹을 수 있었을까요. 부정한 삶이란 이런 것입니다. 누워도 불편하고, 앉아서도 이런 것으로나 배를 채워야 하는 인생입니다.

에스겔은 그렇게는 먹을 수 없다고 합니다. 부정하기 때문입니다. 아니, 보통 생각하는 부정한 정도가 아닙니다. 인분 불에 구운 떡이라니, 아무리 하나님 말씀이어도 선뜻 따를 수가 없습니다.

신약을 보면, 사도 베드로가 환상 가운데 본 부정한 것을 먹을 수 없다고 거부했던 기록이 있습니다. 에스겔은 제사장으로 훈련되던 사람이었습니다. 제사장답게 자신을 거룩하게 유지해야 했던 사람이니, 도무지 그 말씀을 받아들일 수가 없었습니다. 그래서인지 하나님은 인분 대신 쇠똥에 구우라고 조금 물러나십니다.

이런 모양으로 하루하루를 산다는 것이 무엇일까요. 이어지는 구절에서 이런 식사를 경험하는 것에 담긴 뜻이 밝혀집니다.

16 또 내게 이르시되 인자야 내가 예루살렘에서 의뢰하는 양식을 끊으리니 백성
이 근심 중에 떡을 달아 먹고 두려워 떨며 물을 되어 마시다가 17 떡과 물이 부족
하여 피차에 두려워 하여 떨며 그 죄악 중에서 쇠패하리라 (겔 4 : 16-17)

이렇게 아주 적은 양의 식사를 하는 것, 그것도 아주 부정한 식
사를 하는 것은 포위당한 이스라엘 사람들이 겪을 일입니다. 그
런데 그때에만 잠시 겪게 될 일을 보여 주는 것이 아닙니다. 이
모습은 죄악을 짊어지고 사는 삶 전체에 대한 상징이라고 말할
수 있겠습니다.

'근심 중에 떡을 달아 먹고 두려워 떨며 물을 되어 마시는 것'
이 새번역 성경에는 '걱정에 싸인 채 먹고, 벌벌 떨며 마실 것'이
라고 되어 있습니다. 실상은 떡이 아니라 근심을 먹고, 물이 아
니라 경악을 마시는 것입니다. 이것이 이 식사에 담긴 뜻입니다.

그렇게 먹은 결과, 이스라엘은 '두려워 하여 떨며 쇠패'할 것
입니다. 새번역 성경에는 '절망에 빠져 말라 죽을 것'이라고 되
어 있습니다. 이렇게 에스겔은 몸으로, 이스라엘이 심판받아 당
하게 될 벌을 미리 보여 줍니다. 벌만 이렇게 지독한 것이 아닙
니다.

벌은 잘못할 때 따라오는 것입니다. 벌이 이 정도라면, 이런
벌을 몰고 오는 원인인 죄로 물든 삶이란 어떻겠습니까. 390년
세월의 의미가 여기에 있습니다. 그간 이스라엘은 어떻게 살아

온 것입니까. 걱정과 낙망을 먹고 마신 것입니다.

이것은 그 옛날 이스라엘 사람들에게만 해당하는 일이 아닙니다. 우리 인생 경험은 어떻습니까. 우리 역시 무엇에 꽁꽁 매여 근심과 경악을 먹으며, 먹을수록 마실수록 빼빼 말라 갑니다. 날이 갈수록 인생에 대한 기대나 소망은 사라지고, 이렇게 우리는 말라 죽습니다. 이것이 우리가 아는 인생입니다. 세월이 갈수록 좋은 것보다는 좋지 않은 것으로 가득해집니다. 이런 인생의 결말이 이렇게 이어집니다.

> 1 너 인자야 너는 날카로운 칼을 가져다가 삭도로 삼아 네 머리털과 수염을 깎아서 저울로 달아 나누어 두라 2 그 성읍을 에워싸는 날이 차거든 너는 터럭 삼분의 일은 성읍 안에서 불사르고 삼분의 일은 성읍 사방에서 칼로 치고 또 삼분의 일은 바람에 흩으라 내가 그 뒤를 따라 칼을 빼리라 3 너는 터럭 중에서 조금을 네 옷 자락에 싸고 4 또 그 가운데에서 얼마를 불에 던져 사르라 그 속에서 불이 이스라엘 온 족속에게로 나오리라 (겔 5:1-4)

이 모든 일이 끝났을 때, 에스겔은 쭈글쭈글해진 몸에 볼품없는 머리털과 수염만 무성했을 것입니다. 하나님은 이 무성해진 머리털과 수염을 깎으라고 하십니다. 그리고 이것을 셋으로 나눠서, 그중 삼분의 일은 진흙판에 그려 둔 성읍 안에서 태우라고 하십니다. 이때쯤이면 진흙판에 만든 그 성읍, 예루살렘도 초라해졌을 것입니다. 또 삼분의 일은 그 성읍 안에서 칼로 치고, 나머지 삼분의 일은 바람에 흩어 칼로 베고, 불로 사르라고 하십니다. 그렇게 하고 나면 정말 아주 조금만 남은, 한 줌도 안 되는 머리털과 수염이 선지자의 옷자락 여기저기에 붙어 있을 것입니다. 이것이 5년 후 예루살렘이 함락될 때 거기 사는 사람들이 겪을 일입니다.

대체 무슨 잘못을 저질렀기에 이스라엘 사람들은 이런 경험을 하는 것일까요. 잘못의 내용은 이번 장에서 다뤄지지 않습니다. 그러나 본문에 비추어 짐작할 수 있습니다. 따라오는 벌이 이 정도라면 그 잘못 자체는 훨씬 더 무거운 수준일 것입니다. 앞으로 에스겔서를 읽어 가면 이들이 무슨 잘못을 저질렀는지 보게 될 텐데, 그 내용을 정신 똑바로 차리고 진지하게 대해야 할 것입니다.

몸소 겪는 선지자

에스겔은 이런 참혹한 일을 몸소 겪습니다. 그는 잘 보고, 소리만 지르면 임무가 완수되는 파수꾼이 아니었습니다. 성전이 세워진 후 390년 동안 이스라엘 민족이 저지른 일의 진상을 몸소 겪으며 사람들에게 보여 줍니다. 한편, 그 일의 결과인 죄의 대가 역시 직접 경험하는 것입니다. 어디서 많이 듣던 이야기 같지 않습니까. 신약에 소개된 메시아께서 겪으신 일이 바로 그런 것이었습니다. 그분은 인류가 저지른 죄의 대가를 치르시며, 그 참혹한 삶을 몸소 보여 주십니다.

그러나 차이는 있습니다. 에스겔은 제사장 가문답게 하나님과 그 백성들 사이에 서 있습니다. 그는 백성들에게는 하나님을, 하나님에게는 백성들을 대변하고 있습니다. 그렇게 제사장처럼 양자의 모습을 다 취하며 가운데 서 있지만, 그가 할 수 없는 것이 하나 있습니다. 그는 가운데 서 있지만 중재를 할 수는 없습니다.

중재자는 원래 둘 사이에 서서 화목을 도모하는 역할을 합니다. 그런데 에스겔서의 정황을 보면, 여기에는 화목의 조짐이 없습니다. 390년간 물러서지 않고 옆으로 누워 있는 이스라엘 족속의 모습을 봅시다. 하나님과 이들 사이에 있는 것은 중재자가 아니라 철판이었습니다.

이들의 완고함을 하나님이 그냥 묵과하실 리 없습니다. 그분은 거룩한 분이시기에 이제 심판이 임하게 될 것입니다. 그런데 왜 이제서야 심판이 임하는 것일까요.

하나님과 이스라엘 사이의 390년은 큰 의미를 담고 있습니다. 유다의 죄악을 상징하는 40일은 아마도 포로로 지낸 한 세대를 가리키는 것으로 보이는데, 이스라엘 족속은 이전이나 이후에나 패역한 백성입니다. 그런데도 이렇게 긴 세월이 지난 것은 철판 한쪽의 당사자, 하나님이 떠나지 않고 기다리셨기 때문입니다. 그분은 가지 않고 그들 곁에 계셨습니다.

하지만 이런 식으로 계속될 수는 없습니다. 모로 누워 있는 것 같은 이스라엘 민족은 응징되어야 합니다. 마침내 심판이 있을 것이라고 엄중히 선언됩니다. 심판이 임할 것입니다.

'회복'이라는 것은 그다음 이야기입니다. 흔히 선지서의 두 주제를 심판과 회복이라고 요약합니다. 그러나 회복은 심판 뒤에 당연히 따라오는 것이 아닙니다.

우리가 교회에 다니면서 오해하는 것 중 하나가 이것입니다. '구원받으라'라는 이야기를 많이 들으니까, 우리가 마음을 내주면 구원은 그냥 따라오는 것이라고 생각하기 쉽습니다.

용서는 언제 받을 수 있을까요. '용서해 주세요'라고 읊조리기만 하면 따 놓은 당상처럼 용서를 받아 낼 수 있는 것이 아닙니다. 용서는 용서해 줄 수 있는 존재가 용서할 마음이 있을 때에만 가능합니다.

구원도 마찬가지입니다. 구원하겠다는 분이 구원하실 의향이 있을 때만 가능한 것입니다. 구원은 우리가 당연히 얻어 낼 수 있는 것이었던 적이 한 번도 없습니다.

앞으로 에스겔서에는 감동적인 회복의 메시지가 이어지겠지만, 이번 본문을 보더라도 아직 회복의 분위기는 전혀 없습니다. 우리가 주목해야 할 것은 심판입니다. 그로 인한 참혹한 현실입니다. 돌이키지 않는 이들에게는 이런 일이 도래할 것입니다.

선지자 당대의 대다수 사람들은 이런 이야기를 들으려 하지 않습니다. 하나님도 아시고 에스겔도 압니다. 에스겔이 1년이 넘도록 온몸으로 심판 이야기를 드러내는 것은 누구를 향해서이며 무엇 때문입니까. 듣게 될 소수 때문입니다. 불타지 않고 칼에 베이지 않고 그의 옷자락에 싸인 한 줌과 같은 사람들이 그들입니다.

하나님은 이 점을 분명히 하십니다. '너는 그들에게 이르기를 주 여호와의 말씀이 이러하시다 하라 들을 자는 들을 것이요 듣기 싫은 자는 듣지 아니하리니 그들은 반역하는 족속임이니라'(겔 3:27). 모두가 돌이키지 않으나 혹 듣게 될 자들을 향해 에스겔은 1년이 넘도록 온몸으로 말하고 있습니다.

그들에게 주어지는 경고는 무엇입니까. 이 참혹한 미래, 아니 그러한 현실에 숨죽여 마음 아파하는 자들에게 전해지는 소식이 있습니다. 에스겔이 온몸으로 보여 주듯, 이 모든 일을 겪는 이가 있을 것이라고 아주 희미하게 보여 주고 있습니다.

선지자는 이스라엘 민족의 미래에 대해 할 수 있는 일이 없습니다. 동족과 마찬가지 상태인 그는 할 수 있는 것이 없습니다. 390일, 아니 3,900일을 옆으로 눕는다고 해도 그가 이루어 낼 수 있는 것은 없습니다.

그러나 그에게서 우리는 한 가지 희미한 일을 볼 수 있습니다. 제사장으로 살기를 소망했던 서른 살 청년의 마음은 어떠했을까요. 그는 이 일을 겪으며 자신의 동족을 저주했을까요. 그들의 중재자로 살기를 소망했던 그의 마음은 동족을 향한 속상함, 슬픔, 긍휼함으로 가득했을 것입니다. 그는 물었을 것입니다. '지난 400년이 지나도록 바뀌지 않는 우리 민족에게 무슨 소망이 있겠는가.'

우리는 그보다 더 아는 것이 있습니다. 이제 긍휼함뿐이었던 중재자 말고, 다른 중재가 오실 것을 우리는 알고 있습니다. 이들에게 정말로 다른 미래를 주실 진짜 중재자가 오실 것입니다. 절망의 현실 앞에, 무슨 일을 해도 변화되지 않는 자기 모습 앞에 두려워 떨며 걱정과 낙망을 먹고 마시는 사람들을 향해 그들이 돌이켜 달려갈 수 있는 분이 오실 것이라고 성경은 말합니다. 그이가 바로 또 다른 서른 살 청년, 예수 그리스도이십니다.

그러나 다시 기억합시다. 죄는 무서운 것입니다. 하나님 앞에 죄를 짓고 산다는 것은 이렇게 참혹하게 사는 것입니다. 나중에 벌만 피할 수 있다면, 죄짓는 것이 더 좋을까요? 아닙니다. 죄를 짓고 사는 일은 걱정을 먹고 놀람을 마시며 먹을수록 마실수록 빼빼 말라 죽어 가는 것입니다.

선지자가 여기서 우리에게 묻습니다. '어떻게 살 것인가. 우리의 삶은 어떠한가. 우리는 무엇을 먹고 마시는가.' 우리의 답은 무엇인지 생각해 봅시다.

우리 삶의 모습에 낙망하는 이가 있다면, 에스겔을 통하여 드러나고 있는 이 중재자의 모습을 눈여겨봅시다. 이스라엘을 390년이나 기다리셨던 하나님은 또 다른 중재자를 보내 이들에게 구원을 허락하실 것입니다. 우리는 그 중재자의 중재 덕분에 여기 이렇게 모여 있습니다. 이것이 우리가 받은 소식입니다.

복음이란 심판을 대충 넘어가는 것이 아닙니다. 이 무서운 심판을 뚫고 우리를 끌어내실 분이 오실 것이다, 하나님이 이 일을 이루실 것이다, 하고 선포하고 있습니다. 이 소식 앞에 걱정과 근심 가운데 살기를 멈추고 중재자이신 그분의 품에 안기는 우리 모두가 되기를 소원합니다.

기도

하나님, 하나님의 뜻을 어기고 거스르며 사는 삶은 참으로 참혹합니다. 많이 누리고 떵떵거리며 살았다고 회상하지만, 그 일의 진실은 인분 불에 되지도 않는 음식을 먹으며 산 것이라고 선지자가 증언하고 있습니다. 우리 인생이 어떤 내용으로 채워져야 하는지 돌아보게 하옵소서.

그리고 에스겔처럼 긍휼한 마음으로 우리에게 다가오셔서 새로운 미래를 허락하시는 참된 중재자 예수 그리스도께 우리의 인생을 내어 드리게 하옵소서. 그분의 등에 업혀 하나님이 기뻐하시는 길로 나아가는 주의 백성 되도록 우리를 붙들어 주시옵소서. 예수님의 이름으로 기도합니다. 아멘.

심장이 말보다 크다

윤철규

1 여호와의 말씀이 내게 임하여 이르시되 2 인자야 너는 이스라엘 산을 향하여 그들에게 예언하여 3 이르기를 이스라엘 산들아 주 여호와의 말씀을 들으라 주 여호와께서 산과 언덕과 시내와 골짜기를 향하여 이같이 말씀하시기를 나 곧 내가 칼이 너희에게 임하게 하여 너희 산당을 멸하리니 4 너희 제단들이 황폐하고 분향제단들이 깨뜨려질 것이며 너희가 죽임을 당하여 너희 우상 앞에 엎드러지게 할 것이라 5 이스라엘 자손의 시체를 그 우상 앞에 두며 너희 해골을 너희 제단 사방에 흩으리라 6 내가 너희가 거주하는 모든 성읍이 사막이 되게 하며 산당을 황폐하게 하리니 이는 너희 제단이 깨어지고 황폐하며 너희 우상들이 깨어져 없어지며 너희 분향제단들이 찍히며 너희가 만든 것이 폐하여지며 7 또 너희가 죽임을 당하여 엎드러지게 하여 내가 여호와인 줄 너희가 알게 하려 함이라 8 그러나 너희가 여러 나라에 흩어질 때에 내가 너희 중에서 칼을 피하여 이방인들 중에 살아 남은 자가 있게 할지라 9 너희 중에서 살아 남은 자가 사로잡혀 이방인들 중에 있어서 나를 기억하되 그들이 음란한 마음으로 나를 떠나고 음란한 눈으로 우상을 섬겨 나를 근심하게 한 것을 기억하고 스스로 한탄하리니 이는 그 모든 가증한 일로 악을 행하였음이라 10 그 때에야 그들이 나를 여호와인 줄 알리라 내가 이런 재앙을 그들에게 내리겠다 한 말이 헛되지 아니하니라 (겔 6:1-10)

유다의 근간을 뒤흔드시는 하나님

에스겔서 1장과 2장에는 포로로 잡혀갔던 에스겔에게 주님이 임재하셔서 영광스러운 모습을 보여 주시고 에스겔을 부르시는 장면이 나옵니다. 4장과 5장에서는 에스겔에게 임무를 주시는데 그 과정에서 상식적으로 이해가 되지 않는 행동을 요구하시기도 합니다. 에스겔은 제사장이 되기 위해 준비했기에 모세의 율법에 규정된 정결 예법을 철저히 지켰을 텐데, 하나님은 그것에 반하는 행동을 하라고 하십니다. 5장 후반부부터 6장에서는 그러한 행동을 하게 하시는 뜻이 무엇인지 구체적으로 설명합니다.

2 인자야 너는 이스라엘 산을 향하여 그들에게 예언하여 3 이르기를 이스라엘 산

들아 주 여호와의 말씀을 들으라 주 여호와께서 산과 언덕과 시내와 골짜기를 향

하여 이같이 말씀하시기를 나 곧 내가 칼이 너희에게 임하게 하여 너희 산당을 멸

하리니 (겔 6 : 2-3)

산이 무슨 죄겠습니까. 그 산에서 행해졌던 행위가 문제였던 것
입니다. 우리가 어떤 사람이 꼴도 보기 싫으면 그 사람을 연상하
게 되는 물건마저도 보기가 싫은 것과 마찬가지입니다. 주님이
그런 의미로 너희 산을 치워 버리겠다고 하십니다.

11 주 여호와께서 이같이 이르시되 너는 손뼉을 치고 발을 구르며 말할지어다 오

호라 이스라엘 족속이 모든 가증한 악을 행하므로 마침내 칼과 기근과 전염병

에 망하되 12 먼 데 있는 자는 전염병에 죽고 가까운 데 있는 자는 칼에 엎드러지

고 남아 있어 에워싸인 자는 기근에 죽으리라 이같이 내 진노를 그들에게 이룬즉

13 그 죽임 당한 시체들이 그 우상들 사이에, 제단 사방에, 각 높은 고개 위에, 모

든 산 꼭대기에, 모든 푸른 나무 아래에, 무성한 상수리나무 아래 곧 그 우상에게

분향하던 곳에 있으리니 내가 여호와인 줄을 너희가 알리라 (겔 6 : 11-13)

이스라엘이 우상을 섬겼던 모든 곳을 그들의 시체로 가득하게 하
겠다고 하십니다. 이 메시지를 다른 민족이 아닌 하나님과 언약
관계 속에 있는 유다에게 주시는 것입니다. 6장에서는 산에 대한
심판을 이야기했다면 7장에서는 땅에 대한 심판을 말합니다.

1 또 여호와의 말씀이 내게 임하여 이르시되 2 너 인자야 주 여호와께서 이스라엘 땅에 관하여 이같이 말씀하셨느니라 끝났도다 이 땅 사방의 일이 끝났도다 3 이 제는 네게 끝이 이르렀나니 내가 내 진노를 네게 나타내어 네 행위를 심판하고 네 모든 가증한 일을 보응하리라 (겔 7:1-3)

이스라엘 땅은 끝났다는 것입니다. 요한계시록의 후반부(계 18:16)가 연상되는 표현들이 나옵니다.

4 내가 너를 불쌍히 여기지 아니하며 긍휼히 여기지도 아니하고 네 행위대로 너 를 벌하여 네 가증한 일이 너희 중에 나타나게 하리니 내가 여호와인 줄을 너희가 알리라 5 주 여호와께서 이같이 이르시되 재앙이로다, 비상한 재앙이로다 볼지어 다 그것이 왔도다 6 끝이 왔도다, 끝이 왔도다 끝이 너에게 왔도다 볼지어다 그것 이 왔도다 (겔 7:4-6)

끝이 왔다고 세 번이나 반복하는 것은 굉장한 강조입니다. 유다 의 종말에 관한 구체적이고 무시무시한 표현이 계속해서 이어집 니다.

10 볼지어다 그 날이로다 볼지어다 임박하도다 정한 재앙이 이르렀으니 몽둥이가 꽃이 피며 교만이 싹이 났도다 11 포학이 일어나서 죄악의 몽둥이가 되었은즉 그 들도, 그 무리도, 그 재물도 하나도 남지 아니하며 그 중의 아름다운 것도 없어지 리로다 12 때가 이르렀고 날이 가까웠으니 사는 자도 기뻐하지 말고 파는 자도 근 심하지 말 것은 진노가 그 모든 무리에게 임함이로다 13 파는 자가 살아 있다 할

지라도 다시 돌아가서 그 판 것을 얻지 못하리니 이는 묵시가 그 모든 무리에게 돌아오지 아니하고, 사람이 그 죄악으로 말미암아 자기의 목숨을 유지할 수 없으리라 하였음이로다 14 그들이 나팔을 불어 온갖 것을 준비하였을지라도 전쟁에 나갈 사람이 없나니 이는 내 진노가 그 모든 무리에게 이르렀음이라 (겔 7 : 10-14)

하나님이 유다의 근간을, 그들의 삶을 가능하게 하는 모든 조건을 뿌리째 뽑아 버리겠다고 경고하십니다. 이러한 하나님의 진노와 심판을 누가 피할 수 있겠습니까.

15 밖에는 칼이 있고 안에는 전염병과 기근이 있어서 밭에 있는 자는 칼에 죽을 것이요 성읍에 있는 자는 기근과 전염병에 망할 것이며 16 도망하는 자는 산 위로 피하여 다 각기 자기 죄악 때문에 골짜기의 비둘기들처럼 슬피 울 것이며 17 모든 손은 피곤하고 모든 무릎은 물과 같이 약할 것이라 18 그들이 굵은 베로 허리를 묶을 것이요 두려움이 그들을 덮을 것이요 모든 얼굴에는 수치가 있고 모든 머리는 대머리가 될 것이며 19 그들이 그 은을 거리에 던지며 그 금을 오물 같이 여기리니 이는 여호와 내가 진노를 내리는 날에 그들의 은과 금이 능히 그들을 건지지 못하며 능히 그 심령을 족하게 하거나 그 창자를 채우지 못하고 오직 죄악의 걸림돌이 됨이로다 20 그들이 그 화려한 장식으로 말미암아 교만을 품었고 또 그것으로 가증한 우상과 미운 물건을 만들었은즉 내가 그것을 그들에게 오물이 되게 하여 21 타국인의 손에 넘겨 노략하게 하며 세상 악인에게 넘겨 그들이 약탈하여 더럽히게 하고 22 내가 또 내 얼굴을 그들에게서 돌이키리니 그들이 내 은밀한 처소를 더럽히고 포악한 자도 거기 들어와서 더럽히리라 (겔 7 : 15-22)

밖에는 적군이 가득하며, 자연환경도 그들을 괴롭힐 것이고, 그들이 귀하게 여기던 금은보화나 화려한 장식들이 아무 소용이 없게 될 것이라고 지적하십니다. 특히 그들의 안전을 보장하는 중요한 수단이었던 성전조차도 침략을 당할 것이라고 주께서 말씀하십니다.

흔들리는 터 위에서 깨닫게 되는 것

우리는 때에 따라, 각자의 상황에 따라, 슬픔, 기쁨, 만족감, 성취감, 배신감, 절망감 등등 다양한 감정을 느낍니다. 감정의 종류는 다양하겠지만 이 모든 것들이 일상이라는 터 위에서 일어납니다. 사회와 국가라는 터, 즉 우리가 인생을 살고 있고, 육체에 머무르고 있다는 기본 전제 위에서 이런 내용이 펼쳐집니다.

그런 차원을 고려하면서 이런 말을 하고 싶습니다. 혹시 각자가 속한 공동체 안에서 누구와 어떤 일로 지지고 볶는 괴로운 일을 경험하는 중이라면 내용이 어떠한지를 떠나서 그런 일을 겪는 그 자체로 굉장한 복을 누리는 셈입니다. 사람이 만나는 일은 어떤 전제 조건이 만족되어야만 가능한 일입니다. 그러니 굉장히 복된 일입니다. 서로 살아 있다는 증거입니다.

이런 상상을 해 봅시다. 갑자기 전쟁이 나서 교회도 무너지고, 나와 가까이하던 이들 중 상당수가 군인으로 끌려가서 죽거나, 핵폭탄이 떨어져 주변의 모든 것이 황폐해져서 사람들이 함께 모일 수 없는 상황이 되었다고 가정해 봅시다. 전에 멀쩡할 때 느꼈던 희로애락이 무슨 소용이겠습니까. 우리가 지금 여기서 살아 있기에, 국가나 사회, 공동체라는 터가 있기에 여러 가지 사건과 감정을 경험하면서 인생을 펼쳐 가고 있는 것입니다. 그런데 그 기본적인 터 자체가 사라지게 된다면, 혹은 우리가 그 터로부터 뿌리째 뽑혀서 다른 곳으로 옮겨 가게 된다면, 우리가 기본적으로 그 터를 상정하고 그 위에서 누리는 갈등, 긴장, 기쁨, 성취, 이런 것들은 아예 일어날 수 없는 내용이 되어 버리고 맙니다.

앞으로 이스라엘에 그런 일이 닥칠 거라고 하나님이 경고하시는 것입니다. "너희가 아무리 돈이 많고 은과 금이 많아 봐야 뭘 하겠느냐. 나라가 망했는데. 네가 아무리 팔 수 있는 물건이 많고, '내가 이걸 팔면 많은 돈을 벌 수 있으니 얼마나 좋은가'라며 창고에 좋은 물건을 많이 쌓아 봐야 뭘 하겠느냐. 그 물건을 사고팔고 할 수 있는 기반 자체가 다 붕괴되었는데 말이다. 그 쌓아 놓은 것을 어디에 내놓고 팔려고 하느냐."

다시 한번 강조하고 싶습니다. 어느 시대나 한 인간이 자신의 인생을 살면서 경험하는 모든 일, 여러 문제와 필요 앞에서 고민하고 노력하는 모든 일이 커다란 전제 위에 있다는 것을 기억해야 합니다.

나이가 들면서 점점 더 절감하게 되는 것 중 하나가 '가정이 얼마나 소중한가' 하는 것입니다. 우리는 가정 속에서 태어납니다. 태어나면 이미 아버지가 있고 어머니가 있습니다. 그래서 보통의 경우에는 아이가 아버지의 중요성, 어머니의 중요성, 가족의 중요성을 체감하지 못합니다. 그러다 어떤 상황에서 그 중요성을 인식하게 됩니까? 예를 들어 불의의 사고로 부모님을 잃게 된다든지, 어쩔 수 없는 상황 때문에 가족이 떨어져서 산다든지 하는 상황을 겪게 될 때입니다. 그때가 되면 너무나 당연하게 생각했던 것들이 사실은 당연한 게 아니라는 사실을 깨닫게 됩니다.

그러니 지금이 얼마나 좋습니까. 혹시 예배에 오기 전에 공동체 안에 있는 누구와 티격태격한 일이 있습니까? 다툴 수 있는 것만으로도 감사해야 합니다. 이것은 우리가 복된 전제 속에 있다는 것을 방증하기 때문입니다. 가정이라고 하는, 교회라고 하는 공동체가 전제되어 있어야 그 안에서 지지고 볶고 하는 일도 있는 것입니다.

하나님이 이스라엘의 터를 흔드십니다. 그로 인해 이스라엘은 하나님이 자신들의 삶의 터를 제공해 주신 분이라는 사실을 알게 됩니다. 그들은 이스라엘이나 유다라고 하는 국가, 아브라함의 후손이라고 하는 선민의 정체성, 이런 것들을 너무나 당연하게 여겨 애초에 그것이 왜 주어졌는지를 생각해 보지 않은 상태로 살았습니다. 그러나 그 터전이 사라지고 나서 보니, 그 터전이 흔들리고 나서 보니, 그것이 얼마나 소중한 것이었는지를 깨닫게 됩니다.

'그 터, 우리가 살고, 숨을 쉬고, 가정을 꾸리고, 사람들과 관계를 맺고, 목적을 이루고, 경제 활동을 하고, 나라를 세울 수 있는 그러한 터를 허락해 주신 분이 누구인가?' 하는 것을 이스라엘이 상기하게 될 때, 여호와 하나님을 떠올리게 된다는 것입니다. '그

분이 우리를 부르신 것이구나. 우리는 그분의 부르심 때문에 지금 이스라엘로 존재하는 것이구나. 그분이 아득한 옛날에 아브라함을 부르시고 모세를 부르셔서 우리에게 귀한 언약과 계명을 주셨구나. 우리는 그 계명이 별로 중요하지 않은 것이라고, 우리를 얽매는 것이라 여겨 그것을 열심히 거부했다. 그 계명에 반하여 살았다. 그런데 알고 보니 그 계명이 우리를 살리는 것이었구나. 왜냐하면 그 계명은 우리가 하나님 앞에 어떤 존재인지를 끊임없이 상기하게 하는 아주 중요한 도구이기 때문이다.' 유다의 백성들은 그들의 나라가 사라지는 위기 앞에서 이 사실을 깨닫게 됩니다. 이것이 바로 구약 역사에서 유다의 백성들이 나라가 망하고 포로로 잡혀가게 된 일을 통해 얻게 된 아주 중요한 교훈이라고 할 수 있습니다.

선지자의 메시지와 그의 현실

에스겔서에는 하나님이 이스라엘에게 '너희가 왜 이 벌을 받는 줄 아느냐'에 대해 말씀하시는 경고가 굉장히 길게 묘사되어 있습니다. 우리가 성경을 읽을 때 참 힘든 부분이기도 합니다. 그러한 꾸중이 에스겔서에만 길게 묘사되어 있으면 그래도 견뎌 내 볼 만합니다. 그런데 이사야서나 예레미야서를 비롯해 구약 성경 곳곳에 이스라엘과 유다를 향한 하나님의 긴 경고가 굉장히 많이 담겨 있습니다. 의인화해서 표현하면 이스라엘의 귀에서 피가 날 정도로 '너희가 왜 이런 벌을 받는지 아느냐?'에 대한 꾸중이 반복되어 있습니다. 이런 반복이 의미하는 바가 무엇일까요? 하나님이 그냥 한 선지자를 통해서만 말씀하시든가, 조금 간략하게 요점만 말씀하셨으면 안 되었을까요?

여기에서 우리가 살펴야 하는 것이 또 있습니다. 에스겔의 메시지와 에스겔의 삶이 분리되어 있지 않다는 것입니다. 우리가 앞 장에서 살펴봤던 에스겔에게 일어났던 일, 하나님이 에스겔에게 하라고 하셨던 기이한 행동들을 떠올려 봅시다. 그는 자신의 메시지와 자신의 삶을 분리해 놓고 말한 것이 아닙니다. '하나님이 말씀하시기를 너희들 보고 이렇게 하라고 하신다. 그러지 않으면 벌을 받는단다. 그러니 정신 차리도록 하여라'라는 식으로 말하지 않았습니다. 유다 백성들의 현실과는 약간 거리를 두고 한 걸음 뒤로 물러서서 뒷짐을 지고 꼰대같이 훈계하는 차원에서 한 이야기가 아니라는 것입니다. 이사야도 마찬가지고 예레미야도 마찬가지입니다.

구약에 나온 모든 선지자가 마찬가지입니다. 그들의 공통적 특징은 그들의 메시지와 그들의 실존이 분리되지 않았다는 것입니다. 내가 하나님한테 이런 이야기를 들었는데, 너희가 이렇게 해야 한다더라, 라고 무감정하게 이야기하지 않았다는 것입니다.

지금 우리가 읽고 있는 본문 말씀이 굉장히 무시무시한 내용이라는 것을 머리로는 알지만 실제로는 크게 와닿지 않으리라 여겨집니다. 왜냐하면 우리와 수천 년의 간격을 두고 발설된 메시지이고, 당시의 이스라엘에 주어진 메시지이기 때문입니다. 그래서 우리 삶과 크게 상관이 없는, 우리 피부에 와닿지 않는 이야기처럼 여겨질지도 모르겠습니다.

그런데 상상력을 좀 발휘해서 만약 우리가 그 당시에 살았던 에스겔이었다면 이 메시지들을 쉽게 전달할 수 있었을지 생각해 봅시다. 여기서 하는 이야기들이 실제로 우리 눈앞에 펼쳐지는 일들이라면, 이 메시지들을 마음 편하게 전하지는 못할 것입니다. 우리가 매일 보는 사람들 앞에서, 가족, 친구들 앞에서 '우리는 모두 망한다. 적군이 쳐들어와서 우리를 포로로 잡아갈 것이다. 그들이 우리를 죽일 것이다. 그렇지 않은 이들은 기근과 전염병으로 다 죽어 갈 것이다' 하는 이야기를 나는 그 일과 상관없는 사람처럼 전할 수 없을 것입니다. 에스겔이 지금 자기 백성에게 전하는 이야기입니다. 굉장히 무시무시한 이야기입니다. 6장 14절을 보겠습니다.

> 14 내가 내 손을 그들의 위에 펴서 그가 사는 온 땅 곧 광야에서부터 디블라까지 황량하고 황폐하게 하리니 내가 여호와인 줄을 그들이 알리라 (겔 6:14)

여기에 '디블라'라는 지명이 나옵니다. 그런데 실제 디블라라는 곳은 없어서 어떤 성경 학자들은 열왕기하 25장에 나오는 '리블라'를 이 말씀에서는 '디블라'로 지칭한다고 추정합니다. 왜냐하면 히브리어에서는 우리말로 치면, 'ㄷ' 발음과 'ㄹ' 발음을 구별하기가 쉽지 않아서 번역 시 자주 혼용되기 때문입니다. 리블라는 유다의 영토 북쪽 위에 자리 잡은 아람이라는 나라에 속한 도시입니다. 오른테스 강 근처입니다. 그 근방은 전통적으로 하맛 어귀라고 불렸던 곳입니다. 구약에서 하나님이 이스라엘에게 주신 약속의 땅, 가나안 땅의 범위를 남으로는 시내 반도 즈음에 있는 광야에서부터 북으로는 하맛 어귀까지라고 규정하고 있습니다. 그래서 다윗이나 솔로몬 왕 때에는 이 지역들이 다 이스라엘의 영토였습니다. 그런데 열왕기하 25장에 의하면 리블라라고 하는 이곳에서 끔찍한 일이 일어납니다.

열왕기서를 가지고 연대기를 작성하면 기원전 586년이라고 하고, 예레미야서를 기초로 하면 기원전 587년이라고 해서 학자들 사이에 논란이 있습니다. 그러나 분명하게 동의하는 것은 예루살렘이 멸망한 때가 우리 날짜로 계산하면 6월에서 7월, 여름 즈음이라는 것입니다. 그리고 한 달쯤 지나서 도망갔던 왕과 왕족과 제사장들과 고관들이 바벨론의 군대에 다 붙잡혀서 리블라로 끌려갑니다.

당시의 왕이었던 시드기야 왕은 눈이 뽑힙니다. 눈이 뽑히기 전에 마지막으로 본 장면은 자기 아들들이 죽임을 당하는 모습입니다. 동시에 수많은 제사장과 귀족들이 거기서 죽임을 당합니다. 그러니 에스겔서에 있는 '내가 …… 광야에서부터 디블라까지'에서 '디블라'가 만일 열왕기서의 '리블라'라면, '내가 온 땅을 황폐하게 하겠다'라는 여호와의 말씀은 그저 하나의 협박이거나, 공갈이 아니라 실제로 이스라엘 가운데서 일어났던 무시무시한 역사적 사건이었다는 것입니다.

만일 우리가 당시 유다에 살았던 사람이라면 심정이 어떻겠습니까. 우리나라도 7, 8월이 매우 덥습니다. 그쪽 지방에 가 보지는 않았지만 터키에 갔던 때를 떠올려 보면, 한여름에는 절대로 나다니고 싶지 않은 기후입니다. 그런데 그곳에서 출발하여 어디까지 갑니까. 바벨론의 수도까지 적게 잡아 1,200킬로미터, 많게 잡아 1,500킬로미터를 끌려가야 합니다. 그때 이들에게 어떤 생각이 들었겠습니까. 조상 때부터 내내 봐 왔던 익숙한 산이나 강을 지나가면서 '나는 이제 더 이상 이 풍경을 못 보겠구나' 하고 한탄했을 것입니다. 또 어떤 생각을 했겠습니까. '하나님의 말씀이 얼마나 무서운가. 우리가 이런 형벌을 받을 정도로 잘못한 것이 무엇인가' 하는 생각이 들지 않았을까요. 그 강렬한 태양 빛 아래에서, 그 무시무시하고 처참한 정경과 상황 앞에서 말입니다.

유다의 진정한 적

그런데 하나님이 에스겔에게 이런 재앙을 언급하시면서 "지금 이 말을 누가 하는 줄 아느냐. 나 여호와가 하는 말이다. 분명하게 전해라"라는 말씀을 계속 반복하십니다. 6장 7절을 봅시다.

> 7 또 너희가 죽임을 당하여 엎드러지게 하여 내가 여호와인 줄을 너희가 알게 하려 함이라 (겔 6:7)

10절을 봅시다.

> 10 그 때에야 그들이 나를 여호와인 줄 알리라 내가 이런 재앙을 그들에게 내리겠

다 한 말이 헛되지 아니하니라 (겔 6 : 10)

14절도 다시 봅시다.

14 내가 내 손을 그들의 위에 펴서 그가 사는 온 땅 곧 광야에서부터 디블라까지 황량하고 황폐하게 하리니 내가 여호와인 줄을 그들이 알리라 (겔 6 : 14)

이런 내용에 근거하여 우리는 '이 싸움과 재앙이 도대체 무엇을 목적으로 하는가?'라는 질문을 한번 던져 볼 필요가 있습니다. 우리에게는 고대 세계의 전쟁에 관한 문서들이 제법 남아 있습니다. 그것들을 살펴보면 주로 적군의 병력은 몇 명이었는지, 어떤 무기를 썼는지, 어떤 장수가 어디서 전쟁했는지, 서로 어떤 전략과 전술을 가지고 맞섰는지 등을 이야기합니다.

유다와 바벨론 사이에 일어난 전쟁으로 인해 결국은 예루살렘 성이 함락되는 일을 기점으로 작성된 많은 문서가 오늘 우리가 보는 성경 안에 들어와 있습니다. 역사서뿐만 아니라 선지서의 대부분이 이 시대를 초점으로 맞추고 있습니다. 그런데 다른 역사서와는 달리 성경에서는 전쟁에 대한 구체적인 정보들을 찾아보기가 매우 힘듭니다. 에스겔서뿐만 아니라 예레미야서도 그렇고, 심지어 역사를 기술한 열왕기서를 봐도 예루살렘이 패망했다는 이야기는 매우 담담하게 몇 줄로 끝납니다. 예레미야서에서는, 계속 유다에게 정신 차리고 하나님의 명령에 순종하여 바벨론에 항복하라는 이야기를 수십 장에 걸쳐서 하는데, 예루살렘 성이 함락된 이야기는 짧게 한 장으로 끝내고 넘어가 버립니다. 이 지점에서 우리는 성경이 세상의 일반 문서와는 성격이 매우 다른 문서라는 것을 새삼 떠올릴 필요가 있습니다.

성경에 기록된 역사는 그 초점이 나라나 민족의 외형에 맞춰져 있지 않습니다. 얼마나 많은 군대를 가지고 있고, 얼마나 많은 전략을 세웠고, 얼마나 용감하게 싸웠고 하는 것들은 성경에서 중요하게 취급하는 내용이 아니라는 것입니다.

지금 하나님이 유다에게 겪게 하시는 이 싸움은 표면적으로 봤을 때는 유다와 바벨론 사이의 싸움처럼 보입니다. 유다가 바벨론과 치르는 전쟁에서 졌기 때문에, 그 당시 복잡한 국제 정세 속에서 그들이 바벨론한테 붙어야 했는데 애굽한테 붙기로 결정한 외교 정책이 실패했기 때문에, 나라가 망하고 어려움을 겪는 것처럼 보입니다. 그러나 이 싸움의 핵심은 그런 것들이 아닙니다.

이 싸움의 핵심은 하나님과 이스라엘 간의 싸움이라는 것입니다. 이 무시무시한 과정을 통해 하나님이 이스라엘에게 계속 강조하시는 것은 너희에게 내가 누군지를 알게 하겠다는 것입니다. 이들은 왜 이렇게 어려운 일을 겪게 된 것일까요? 이미 우리가 살펴본 에스겔서 5장에 이런 경고가 있습니다.

8 그러므로 나 주 여호와가 말하노라 나 곧 내가 너를 치며 이방인의 목전에서 너에게 벌을 내리되 9 네 모든 가증한 일로 말미암아 내가 전무후무하게 네게 내릴지라 10 그리한즉 네 가운데에서 아버지가 아들을 잡아먹고 아들이 그 아버지를 잡아먹으리라 내가 벌을 네게 내리고 너희 중에 남은 자를 다 사방에 흩으리라

11 그러므로 나 주 여호와가 말하노라 내가 나의 삶을 두고 맹세하노니 네가 모든 미운 물건과 모든 가증한 일로 내 성소를 더럽혔은즉 나도 너를 아끼지 아니하며 긍휼을 베풀지 아니하고 미약하게 하리니 12 너희 가운데에서 삼분의 일은 전염병으로 죽으며 기근으로 멸망할 것이요 삼분의 일은 너의 사방에서 칼에 엎드러질 것이며 삼분의 일은 내가 사방에 흩어 버리고 또 그 뒤를 따라 가며 칼을 빼리라 (겔 5 : 8–12)

특히 10절에서 '아버지가 아들을 잡아먹고, 아들이 그 아버지를 잡아먹는다'라는 표현은 참으로 끔찍한 표현입니다. 에스겔이 유독 성정이 과격한 사람이어서 이런 표현을 고안해 냈을까요? 아닙니다. 이런 경고는 이미 구약 성경의 앞부분에 기록되어 있습니다.

52 그들이 전국에서 네 모든 성읍을 에워싸고 네가 의뢰하는 높고 견고한 성벽을 다 헐며 네 하나님 여호와께서 네게 주시는 땅의 모든 성읍에서 너를 에워싸리니 53 네가 적군에게 에워싸이고 맹렬한 공격을 받아 곤란을 당하므로 네 하나님 여호와께서 네게 주신 자녀 곧 네 몸의 소생의 살을 먹을 것이라 54 너희 중에 온유하고 연약한 남자까지도 그의 형제와 그의 품의 아내와 그의 남은 자녀를 미운 눈으로 바라보며 55 자기가 먹는 그 자녀의 살을 그 중 누구에게든지 주지 아니하리니 이는 네 적군이 네 모든 성읍을 에워싸고 맹렬히 너를 쳐서 곤란하게 하므로 아무것도 그에게 남음이 없는 까닭일 것이며 56 또 너희 중에 온유하고 연약한 부녀 곧 온유하고 연약하여 자기 발바닥으로 땅을 밟아 보지도 아니하던 자라도 자기 품의 남편과 자기 자녀를 미운 눈으로 바라보며 57 자기 다리 사이에서 나온

태와 자기가 낳은 어린 자식을 남몰래 먹으리니 이는 네 적군이 네 생명을 에워싸고 맹렬히 쳐서 곤란하게 하므로 아무것도 얻지 못함이라 (신 28 : 52–57)

신명기 28장에는 이스라엘이 불순종할 때에 겪게 되는 저주와 형벌에 대해 길게 언급하고 있는데 선지서의 경고는 신명기 말씀에 대한 반향처럼 여겨집니다. 레위기 26장에도 규례를 지키지 않을 때 이스라엘이 받게 될 형벌의 목록이 나오는데, 이런 경고가 포함되어 있습니다.

28 내가 진노로 너희에게 대항하되 너희의 죄로 말미암아 칠 배나 더 징벌하리니 29 너희가 아들의 살을 먹을 것이요 딸의 살을 먹을 것이며 (레 26 : 28–29)

하나님은 이스라엘을 언약 백성으로 부르실 때, "내 말을 잘 듣고 내 명령에 순종하면 너희가 제사장 나라가 되고 내가 너희에게 복을 주겠지만, 그렇지 않을 경우에는 내가 너희를 대적할 것이다"라고 말씀하십니다. 여기에서 이스라엘의 진짜 대적은 누구입니까. 그들을 포로로 잡아가는 바벨론 군대가 아니라 하나님이 그들의 진정한 적인 것입니다.

백성 중 한 사람

우리는 이런 질문을 던질 수밖에 없습니다. '하나님은 왜 자신의 백성을 적으로 돌리시는가? 하나님은 왜 애굽에서 종살이하던 백성을 구속하신 후 다시 그들을 종으로 잡혀가게 하시는가? 그들에게 복을 주시고, 나라를 주시고, 지도자를 주셔 놓고는 왜 그들을 진멸하려고 하시는가?'

하나님에 대해서, 구약에 대해서 옛날부터 이렇게 오해하곤 했습니다. 초대 교회의 영지주의자들부터 시작해서 역사 내내 많은 이들이 '구약의 하나님은 잔인한 하나님이다. 구약의 하나님은 너무나 폭력적인 하나님이다. 사랑이 없는 하나님이다'라는 주장을 펼치곤 했습니다.

그런데 정말 하나님이 마치 저 먼 우주에서 팔짱을 끼신 채, '야, 너네 그딴 식으로 하면 안 돼. 너희들 분명히 나랑 계약서 썼잖아. 기억이 안 난다고? 모세 때에 내가 너희한테 십계명을 주었잖아. 그런데 왜 내 말을 안 듣는 거야? 그때 한 계약을 어겼으니 너희는 그 대가를 치러야 해. 그냥 다 죽어 버려라'라는 식으로 말씀하시는 무정하고 잔인한 분일까요?

만약에 하나님이 그런 하나님이라면, 우리가 하나님을 선하신 분이며, 긍휼이 많으신 분이며, 우리 아버지라고 고백하며 섬기는 일은 불가능할 것입니다. 그리고 선지자들, 목사들을 통해 전해지는 설교도 듣기 힘든 내용일 것입니다. 여기서 시 한 편을 인용하고 싶습니다. 황병승이라는 시인이 쓴 〈목책 속의 더미dummy 들〉(황병승, 《육체쇼와 전집》, 문학과지성사, 104-105쪽)이라는 시입니다. 시인에 대해서는 논란의 여지가 많았지만, 이 시에서 드러내려는 내용이 본문 말씀과 연관이 있어서 인용해 봅니다.

아저씨들은 설교를 하지요, 하나같이, 한번 설교를 시작하면 그칠 줄을 모릅니다, 일단 머릿속에 빨간 불이 들어오고 나면 아저씨들은 곧장 설교 기계가 되어버리니까요, 눈과 코와 입, 얼굴의 근육이 떨리고, 턱관절이 덜 덜 덜 돌아가고, 팔 다리 목 척추 심장 폐 소장 대장 할 것 없이 비상벨이 울리면, 기계의 모든 활성 신호가 뇌의 설교 칩으로 이동을 해서 "네가 아직 뭘 몰라서 그러는가 본데……" 라는 터무니없는 말로 시작되기 마련이지요, 몸속에 저장된 수분과 지방 탄수화물 단백질 각종 미네랄이 부글부글 타올라 배속이 역겨운 가스로 가득 찰 때까지 설교는 꼬리에 꼬리를 물고 계속됩니다, 설교를 듣던 어린것들의 마스카라가 번지고 번져서 "전혀요…… 전혀요……" 검은 눈물을 질 질 질 흘릴 때까지, 설교 기계는 미친 듯이, 정말로 완전히 배터리가 나갈 때까지 설교를 하지요, 자신들이 소모한 에너지가 결코 아깝지 않다는 신호가 백 프로 전달될 때까지.

나는 당신들을 어른이라고 여긴 적이 없어, 생긴 것도 그렇고……

우리가 '꼰대'라는 속어로 지칭하는 사람들에 대한 반감을 표현하는 시입니다. 우리는 종종 어떤 이가 공감되지 않는 이야기, 너무 뻔한 이야기, 듣는 이의 상황과 현실을 전혀 반영해 주지 않으면서 잘난 체하며 여러 가지 훈계를 늘어놓을 때 이렇게 이야기합니다. '설교하고 자빠졌네.'

그런데 구약에서 이야기하는 경고의 메시지가 그런 꼰대스러운 설교에 불과한 것일까요? '야, 너네 그딴 식으로 하면 망한다. 너네 그렇게 하면 큰일 난다. 그렇게 하면 안 돼. 모세의 율법에 그렇게 쓰여 있잖아'라는 식으로 이야기하는 것일까요?

선지서들을 읽어 보면 그렇지 않다는 걸 알 수 있습니다. 앞에서 이야기했듯이 구약의 선지자들, 특히 에스겔은 자기 자신과 자신이 전하는 메시지가 구분되어 있지 않습니다. 지금 에스겔이 유다에게 '너희는 이렇게 망하게 될 것이다'라고 전하는 이야기에서 '너희'에는 자기 자신도 포함됩니다. 그것을 좀 더 시각적으로 극대화하기 위해서 앞에 4장과 5장의 내용이 적혀 있는 것입니다. 먼저 5장 1절을 보겠습니다.

> 1 너 인자야 너는 날카로운 칼을 가져다가 삭도로 삼아 네 머리털과 수염을 깎아서 저울로 달아 나누어 두라 (겔 5 : 1)

하나님이 에스겔에게 그의 몸에 난 털을 다 깎으라고 하십니다. 요즘에야 왁싱으로 몸의 털을 다 밀어 버리는 일이 세련된 행위로 보일지 모르겠습니다. 그러나 당시에 몸의 털을 다 민다는 것은 굉장히 수치스러운 일이었습니다. 그래서 그 당시 기록을 보면 서로 전쟁을 하다가 이긴 군대가 진 군대 사람들의 털을 깎습니다. 수치심을 느끼게 하려고 그렇게 하는 것입니다. 그런데 하나님이 에스겔에게 그런 수치스러운 행동을 하라고 명령하십니다. 그리고 그 털들을 삼등분하라고 합니다. 삼등분을 하는 것의 의미는 12절에 나옵니다.

> 12 너희 가운데에서 삼분의 일은 전염병으로 죽으며 기근으로 멸망할 것이요 삼분의 일은 너의 사방에서 칼에 엎드러질 것이며 삼분의 일은 내가 사방에 흩어 버

리고 또 그 뒤를 따라 가며 칼을 빼리라 (겔 5 : 12)

이런 행동에 어떤 의의가 있습니까. 에스겔이 전하는 메시지는 그의 신체적 상황, 실존적 처지와 구별되어 있지 않습니다. 더 나아가 말도 안 되는 분량의 음식을 먹으라고 하십니다. 그렇게 430일 혹은 390일을 지냅니다. 사람이 그렇게 시간을 보내면 어떤 몰골이겠습니까. 몸 전체가 다 깡마르고, 눈은 부리부리하고, 사람의 형상이라고 할 수 없을 것입니다. 아마 에스겔은 아내가 있었을 텐데, 아내를 비롯한 주변의 친지와 친구들이 다 말렸을 겁니다. '정신 좀 차려라. 대체 왜 그렇고 사느냐? 하나님이 당신한테 도대체 무슨 일을 하신 것이냐?'라며 원망했을 겁니다.

하지만 에스겔은 그런 삶을 포기할 수 없습니다. 왜 그렇습니까. 자신의 고통스럽고 괴로운 삶이 바로 자기가 전해야 하는 메시지와 결합되어 있기 때문입니다. 4장 4절부터 보겠습니다.

4 너는 또 왼쪽으로 누워 이스라엘 족속의 죄악을 짊어지되 네가 눕는 날수대로 그 죄악을 담당할지니라 5 내가 그들의 범죄한 햇수대로 네게 날수를 정하였나니 곧 삼백구십 일이니라 너는 이렇게 이스라엘 족속의 죄악을 담당하고 6 그 수가 차거든 너는 오른쪽으로 누워 유다 족속의 죄악을 담당하라 내가 네게 사십 일로 정하였나니 하루가 일 년이니라 (겔 4 : 4-6)

여기에 나오는 390일과 40일에 대해 학자들 사이에서 여러 해석이 분분합니다. 390일을 연수로 바꾸면 390년인데, 그 기간은 솔로몬 왕이 성전을 지을 때부터 요시야 왕까지의 기간이다, 390일과 그 뒤에 나오는 40일을 더하면 430일인데 그 기간은 이스라엘 사람들이 애굽에서 포로 생활을 했던 기간이다, 등등 여러 해석들이 있습니다. 그런데 여기에 분명한 것이 있습니다. 하나님이 지금 에스겔을 통해서 그들에게 직접 명령하고 계신다는 사실입니다. 7절을 보겠습니다.

7 너는 또 네 얼굴을 에워싸인 예루살렘 쪽으로 향하고 팔을 걷어 올리고 예언하라 8 내가 줄로 너를 동이리니 네가 에워싸는 날이 끝나기까지 몸을 이리 저리 돌리지 못하리라 (겔 4 : 7-8)

에스겔은 예루살렘의 형상을 만들어 놓고 수백 일 동안 그것을 한쪽으로 지켜봅니다. 당시 에스겔은 눕는 일이 굉장히 무서웠을 것 같습니다. 그런데 그 행위는 무엇을 의미하는 것일까요. '하나님이 지금 이스라엘을 지켜보고 계신다', '그분이 예루살렘을 심판의 눈으로 지켜보고 계신다'라는 메시지를 에스겔이 몸으로 구현하는 것입니다.

그러니 에스겔의 존재는 굉장히 독특합니다. 한편으로는 하나님을 대변합니다. 다른 한편으로는 유다를 대변하고 있습니다. 그는 유다 백성 중 한 사람입니다.

이런 행위를 통해 에스겔은 그 메시지를 들어야만 하는 유다와 자신을 구별 짓지 않음을 보여 주고 있습니다. '너희들은 이런 이야기 들어야 해. 듣지 않으면 큰 화를 치르게 될 거야'라는 식으로 한 걸음 뒷짐 지고 서서 이야기하지 않습니다. 반대로 하나님의 마음을 전혀 고려하지 않은 채 무작정 하나님에게 떼를 쓰기만 하는 당시 대부분의 유다 백성 같은 입장에 전적으로 동조하지도 않습니다. 그는 지금 하나님과 이스라엘 사이의 중간에 서 있는 듯합니다.

이런 내용을 보면서 우리는 먼 훗날 우리에게 오실 한 중보자를 떠올리게 됩니다. 그분은 우리를 향하신 하나님의 뜻과 메시지가 추상이거나 관념이거나 몇 가지 명제이거나 교리에 불과한 것이 아님을 알려 주십니다. 그분은 우리가 하나님을 알 수 있도록 우리를 위해 이 땅에 오신 하나님이십니다. 그런데 인간으로 오신 하나님이십니다. 그래서 하나님이 어떤 분이신지를 우리가 보고, 느끼고, 만지고, 헤아릴 수 있게 하신 우리의 주 예수 그리스도이십니다. 우리는 에스겔을 비롯한 선지자들에 관한 기록을 통해 예수 그리스도의 모습을 떠올려 볼 수 있습니다.

너희를 내버려 둘 수 없다

그런데 주님은 왜 이런 방법으로 말씀하실 수밖에 없을까요. 스위스의 한 신학자가 하나님의 심판에 대해서 이런 말을 했습니다. '하나님이 예수 그리스도 안에서 우리에게 자비로우시므로 우리를 심판하신다. 그는 그의 아들로 말미암아 우리를 자기 백성으로 대하고자 하기 때문에 우리를 심판한다'(칼 바르트, 《교회교의학 제4권 하나님에 관한 교의 제2권 2부》, 대한기독교서회, 788쪽).

무슨 이야기입니까. 하나님은 지금 이스라엘에게, 유다에게 심판을 퍼붓는 일을 통해 무엇을 말씀하시는 것입니까. '보아라. 나는 네 앞에 있는 하나님이다. 나는 네 앞에 서 있는 여호와다. 너희의 선조들과 언약을 맺었던 그 하나님이다. 너희는 포로로 잡혀가면서 나의 말이 헛된 것이 아님을, 가벼운 것이 아님을 알게 될 것이다. 내가 참으로 나의 뜻과 말을 이룬다는 사실을 너희가 알게 될 것이다.' 이렇게 하나님이 역사 가운데 심판의 과정을 통해 자기 증명을 하고 계시는 것입니다.

조금 더 설명해 보면, 이 심판이 무엇을 만들지는, 심판이 행해지는 시점에서는 알 수가 없습니다. 아직은 모릅니다. 포로로 잡혀가기 전이고 나라가 망하기 전이기 때문에 그렇습니다. 그런데 분명한 것이 하나 있습니다. 이 심판이 어떻게 진행되든, 인간이 이 심판에서 무엇으로 드러나든, 인간이 이 심판을 통해 무엇이 되든, 하나님은 여전히 그들을 받아들이시고, 그들을 자기 백성으로 대하고자 하시기 때문에 이 심판을 행하신다는 것입니다.

우리에게 사랑하는 연인이 있다고 해 봅시다. 그런데 그가 나와의 관계를 무시하고 다른 이와 바람을 피운다면 어떻게 하겠습니까? 혹은 우리에게 소중한 자녀가 있습니다. 그런데 그 아이가 나의 자녀로서 합당하지 않은 행동을 한다거나, 자기를 해하는 행동을 한다면 가만히 두고 볼 수 있겠습니까?

그에게 가서 '그렇게 하는 거 아니다'라고 강력하게 말해야 합니다. 남편이 밖에서 바람을 피우고 다니는데, 집에 들어올 때면 환한 웃음을 지으면서 장미 한 송이와 아내가 좋아할 선물을 들고 온다고 '나는 당신이 밖에서 무슨 짓을 해도 상관없어'라고 이야기할 사람이 세상 어디에 있겠습니까. 그렇게 못합니다. 분노가 가득한 얼굴로 싸울 것입니다. 멱살을 잡고 김치로 귀싸대기를 때릴 것입니다. 아직도 애정이 남아 있다면 말입니다.

불같이 화를 내시며 다그치시는 하나님의 말씀을 듣고 유다는 무엇을 알게 됩니까. 그들이 결국 듣게 되는 하나님의 진짜 메시지는 무엇입니까. '나는 네 앞에 있는 하나님이다. 너를 그대로 둘 수 없다. 왜 그런 줄 아느냐? 나는 너랑 묶여 있기 때문이다!'

지금 그런 만남이 이루어지고 있습니다. 하나님이 명령하시며 인간의 길에 개입하십니다. 인간 존재가 하나님의 계명과 대면하는 모든 순간에, 그 일이 설령 저주와 심판을 동반하는 일이라고 할지라도, 하나님은 '우리 없이'가 아니라 우리가 누구이든, 우리가 무엇이든 모든 경우에 우리와 함께하십니다. 이스라엘이, 그리고 우리가 어떤 지경에 있을지라도 하나님은 포기하지 않겠다고 하십니다.

'나는 너와 싸워서라도 너와의 관계를 회복하겠다. 나는 네가 원하지 않는 일이 네 삶 가운데 발생하게 해서라도 너를 내게로 끌어오겠다. 나는 네가 행동하고 누리고 꿈꾸고 기대하고 우려하는 모든 일이 일어나는 그 터를 통째로 흔들어서라도, 아니 통째로 쓸어버려서라도, 그 터가 너의 근거가 아니라 너와 나의 관계가 참된 근거라는 사실을 보여 주고야 말겠다'라고 하나님이 유다에게 그리고 지금 우리에게 말씀하십니다.

우리가 그런 하나님에게 부름을 받았고, 그런 하나님과 함께

하고 있다는 사실은 얼마나 경이롭고 은혜롭고 두려운 일입니까. 그런데 그 두려움은 단지 공포가 아니라, 하나님을 거부하는 그 못난 자리에 우리를 그대로 두실 수 없다고 하는 하나님의 그 집념, 그 열심에서 기인하는 것입니다. 하나님이 우리 안에 있는 못나고 지독한 죄악의 본성과 싸우겠다고 하시는 것입니다. 하나님의 그 뜨거운 가슴, 그 절절한 외침이 지금 우리 앞에 있습니다. '나는 너의 아버지다. 나는 너의 연인이다. 나는 너를 내버려 둘 수 없다.' 이렇게 말씀하시는 하나님의 그 마음이 에스겔의 삶과 행위와 그가 전하는 설교의 메시지로 드러나고 있습니다.

그 하나님이 지금 우리의 삶을 통하여, 교회를 통하여, 말씀을 통하여, 설교를 통하여, 또 교우들과의 관계를 통하여 여전히 말씀하시고 일하신다는 사실을 기억합시다. 그 하나님 앞에 함께 서서 인생길을 걸어가는 모두가 되기를 주님의 이름으로 권면합니다.

기도

하나님, 주님은 먼 우주에 계시면서 팔짱을 낀 채, '너네 그렇게 행동하면 안 돼'라고 차갑고 냉정하게 말씀하시는 분이 아닙니다. 오히려 우리 인생의 한복판으로 뛰어들어 오셔서 그 뜨거운 심장으로, 그 절절한 목소리로, 십자가에서 물과 피를 흘리시기까지 이렇게 말씀하십니다. '나는 네 하나님이다. 너희는 내 백성이다. 나는 너희를 포기할 수 없다.' 우리가 처한 자리가 세상의 끝일지라도 거기까지 찾아오시는 하나님의 열심을 다시 한번 확인합니다.

그 하나님 앞에 믿음으로 반응하게 하여 주옵소서. 우리 모두 하나님께 묶여 있다는 사실을 기억하게 하여 주옵소서. 그 사실을 기억하며 고단한 우리 각자의 인생길을 걸어갈 수 있도록 우리에게 은혜를 베풀어 주시고 우리와 함께하여 주옵소서. 우리의 구주이신 예수 그리스도의 이름으로 기도합니다. 아멘.

하나님의 페르소나

서정걸

1 여섯째 해 여섯째 달 초닷새에 나는 집에 앉았고 유다의 장로들은 내 앞에 앉아 있는데 주 여호와의 권능이 거기에서 내게 내리기로 2 내가 보니 불 같은 형상이 있더라 그 허리 아래의 모양은 불 같고 허리 위에는 광채가 나서 단 쇠 같은데 3 그가 손 같은 것을 펴서 내 머리털 한 모숨을 잡으며 주의 영이 나를 들어 천지 사이로 올리시고 하나님의 환상 가운데에 나를 이끌어 예루살렘으로 가서 안뜰로 들어가는 북향한 문에 이르시니 거기에는 질투의 우상 곧 질투를 일어나게 하는 우상의 자리가 있는 곳이라 4 이스라엘 하나님의 영광이 거기에 있는데 내가 들에서 본 모습과 같더라 5 그가 내게 이르시되 인자야 이제 너는 눈을 들어 북쪽을 바라보라 하시기로 내가 눈을 들어 북쪽을 바라보니 제단문 어귀 북쪽에 그 질투의 우상이 있더라 6 그가 또 내게 이르시되 인자야 이스라엘 족속이 행하는 일을 보느냐 그들이 여기에서 크게 가증한 일을 행하여 나로 내 성소를 멀리 떠나게 하느니라 너는 다시 다른 큰 가증한 일을 보리라 하시더라

(겔 8:1–6)

에스겔의 역할

본문 말씀은 하나님이 에스겔에게 아주 이례적인 방식으로 환상을 보여 주시는 장면으로 시작합니다. 에스겔 8장부터 11장에 이르기까지 에스겔은 하나님의 손에 이끌려서 바벨론 포로지에서 무려 1,600킬로미터나 떨어진 예루살렘으로 공간 이동을 하여 예루살렘 성전 안에서 일어나는 끔찍한 일과 하나님이 심판하시는 모습을 환상 가운데 보게 됩니다.

우리는 앞에서 에스겔이 하나님을 드러내는 역할을 맡아 시청각적으로 하나님의 말씀을 전하는 것을 보았습니다. 4장에서는 예루살렘을 대적하시는 하나님의 모습을 재연하기도 했습니다.

에스겔을 보면, 선지자가 하나님의 말씀을 받아 그것을 대언하는 정도에서 그치지 않고, 훨씬 더 적극적으로 하나님을 연기하고 드러내 보여 주는 역할을 부여받았다는 것을 알 수 있습니다. 이런 에스겔을 보면서 '페르소나'라는 단어가 떠올랐습니다. 영화에서 페르소나라고 하면 감독의 의도를 가장 잘 표현해 내는 배우, 그래서 그 감독의 영화에는 어김없이 등장하는 배우를 가리킵니다. 종종 영화감독 자신의 분신으로 등장하는 등, 영화감독의 의도를 가장 잘 표현해 내는 배우입니다. 예를 들면, 봉준호 감독은 송강호를, 나영석 피디는 이서진을 페르소나로 삼은 것처럼 말입니다.

에스겔서를 보면 하나님은 에스겔을 페르소나로 삼은 것처럼 보입니다. 그래서 에스겔은 하나님의 부름을 받아 하나님 편에서 하나님의 말씀을 적극적으로 전할 뿐 아니라, 본문에서 보는 바와 같이 하나님 손에 이끌려 하나님만이 보실 수 있는 것을 함께 보고 그 마음을 공유하고 경험하게 됩니다. 에스겔은 단지 하나님의 명령을 수행하는 데 그치지 않고, 하나님의 시각과 마음을 함께 나누는 동역자였습니다.

장로들의 물음

본문 말씀은 여섯째 해 여섯째 달 초닷새라는 연대를 밝히면서 시작합니다. 이 연대의 기준은 에스겔 1장 2절에 나온 것같이 여호야긴 왕이 포로로 사로잡힌 때입니다. 에스겔서가 가진 특징

중 하나는 연대를 자주, 정확히 밝히는 것인데, 그 이유는 앞으로 예루살렘이 멸망하게 될 때, 예루살렘이 멸망하리라고 생각하지 않았던 유대 포로들과 앞으로 예루살렘에서 잡혀 올 포로들에게 이 예언의 진정성을 담보하기 위해서입니다. 에스겔이 선지자로 부름을 받은 때는 여호야긴 왕이 사로잡혀 온 지 제5년 4월 5일 이고, 그로부터 일주일이 지난 제5년 4월 12일부터 예언의 말씀이 주어지기 시작했습니다. 그 첫 번째 계시로부터 약 14개월이 지난 시점, 제6년 6월 5일에 다시 하나님의 말씀이 에스겔에게 임하게 됩니다.

그 사이에 에스겔은 무슨 일을 했습니까. 4장부터 7장에 나왔듯 첫 예언의 말씀으로 예루살렘의 멸망을 선포합니다. 특별히 4장에서 하나님은 에스겔에게 점토판 위에 예루살렘을 새기고 성을 포위하여 공격하는 것처럼 역할극을 보여 주라고 하십니다. 그리고 390일간 왼쪽으로 누워 이스라엘 족속의 죄악을 짊어지고, 날이 차면 오른쪽으로 누워 40일을 지내며 유다 족속의 죄악을 짊어지라고 말씀하십니다. 합해서 430일입니다.

그런데 본문 말씀의 연대는 첫 번째 예언이 주어졌던 때로부터 420일이 지난 시점입니다. 이스라엘의 죄악을 담당하는 날은 지났고, 유다의 죄악을 담당하는 날은 아직 열흘 정도 남은 시점입니다. 그날도 낮 동안은 유다 족속의 죄를 짊어져 오른쪽으로 눕는 퍼포먼스를 펼치고 저녁이 되어 집에 돌아왔을 것입니다. 그때 포로 중에서 유다의 장로들이 에스겔을 찾아왔습니다. 그들은 에스겔이 1년이 넘도록 자기 몸을 상하게 하면서까지, 그리고 누가 듣든지 안 듣든지 변함없이 예루살렘이 포위와 공격을 당하는 모양을 보여 주며 예루살렘의 멸망을 선포하는 이유가 무엇인지 답을 듣고자 왔을 것입니다. 바로 그때 하나님이 환상 가운데 에스겔을 예루살렘으로 데려가셨습니다.

에스겔 4장부터 7장에서 보듯 에스겔은 이스라엘 사람들이 저지른 죄악으로 예루살렘이 멸망할 것과 이스라엘의 산과 땅도 심판을 면하지 못하리라는 두려운 메시지를 전했습니다. 게다가 에스겔은 말로만 메시지를 전한 것이 아니라 포로들이 보기에도 무시할 수 없을 만큼 오랜 기간 스스로 고난을 감수하며 불편한 자세로 눕고 극히 적은 양의 식량을 먹으면서 심판의 메시지를 일관되게 증언해 왔습니다. 너무나 기이한 행동을 하고 있으니 처음에는 정신이 나갔나 보다 하고 무시할 수도 있었겠지만 자신의 모든 시간과 몸을 바쳐 진지하고 일관되게 계속 밀어붙이며 심판의 메시지를 전하니 그 모습을 본 포로들은 굉장히 두려웠을 것입니다. 그래서 무시할 수 없는 지경에 이르렀고, 어느덧 포로 중에 장로들이 에스겔에게 나와서 그의 행태와 메시지에 대한 답을 구하는 자리에까지 이르게 됩니다.

이 대목에 이르러 에스겔 앞에 유다의 장로들이 나아와 있는 모습을 보면서, 에스겔이 드디어 인정받는 선지자의 지위에 올랐구나 하고 생각할 수도 있지만 유다의 장로들은 그의 앞에 앉아서 겸비한 자세로 하나님의 말씀을 구하지 않았을 것입니다. 오히려 '아직 예루살렘 성전이 건재한데 왜 불길한 예언으로 우리를 두렵게 하느냐. 왜 예루살렘과 성전이 하나님으로부터 버려져서 무너질 것이라고 하느냐. 이유가 무엇이냐. 근거를 대라. 꿀 먹은 벙어리처럼 입 다물고 있지 말고 밝히 말하라' 하고 항의하기 위해 찾아왔을 것입니다. 이런 해석이 타당해 보이는 것은 이어지는 8장부터 11장에서 에스겔이 본 예루살렘 성전의 환상이 하나님이 예루살렘을 버리신 이유를 보여 주고 있기 때문입니다. 유다의 장로들과 에스겔 모두는 예루살렘이 멸망해야만 하는 이유를 알고 싶었습니다. 그리고 하나님은 에스겔에게 환상 가운데 시청각적으로 답변을 주고 계십니다.

공유된 하나님의 시선

하나님이 에스겔을 예루살렘으로 데려가셔서 실상을 보여 주십니다. 본문 말씀을 보면 하나님이 그를 데려가시는 모습이 매우 격정적으로 표현되어 있습니다. 기왕 데려가실 거라면 선지자로서 에스겔을 대우해 주시고, 불 병거라도 태워서 데려가셨으면 좋겠는데 3절을 보면 '그가 손 같은 것을 펴서 내 머리털 한 모숨을 잡으며 주의 영이 나를 들어 천지 사이로 올리시고 하나님의 환상 가운데에 나를 이끌어 예루살렘으로 가서'라고 기록되어 있습니다. 에스겔이 하나님의 분노를 이해하지 못하는 사람들을 대표하여 머리끄덩이를 잡힌 채 예루살렘에 가서 실상을 보게 되는 듯합니다. "자 봐라! 내 성전에서 일어나는 일들이 어떻게 나를 분노하게 하는지 한번 봐라!" 하나님의 분노가 느껴집니다. 이렇게 붙들려 예루살렘에 간 에스겔은 예루살렘 성전의 주인이신 하나님의 안내에 따라 성전 곳곳을 보게 됩니다.

> 5 그가 내게 이르시되 인자야 이제 너는 눈을 들어 북쪽을 바라보라 하시기로 내
> 가 눈을 들어 북쪽을 바라보니 제단문 어귀 북쪽에 그 질투의 우상이 있더라 6 그
> 가 또 내게 이르시되 인자야 이스라엘 족속이 행하는 일을 보느냐 그들이 여기에
> 서 크게 가증한 일을 행하여 나로 내 성소를 멀리 떠나게 하느니라 너는 다시 다
> 른 큰 가증한 일을 보리라 하시더라 (겔 8 : 5–6)

예루살렘 북문에 이른 에스겔이 처음 본 것은 북문 어귀에 세워
져 있던 '질투의 우상'이었습니다. 이 질투의 우상이 무엇인지에
대하여 성경을 연구하는 많은 학자가 대부분 동의하는 바는 그
우상이 아세라 목상이었을 것이라는 해석입니다. 하나님의 성전
안뜰로 들어가는 초입에 아세라 목상이 세워져 있는 것은 충격
적인 일입니다. 여기는 하나님만이 예배와 영광을 받으시는 곳
인데, 하나님에게 나아가는 문 어귀에 마치 문지기처럼 아세라
목상이 있다는 것은 이스라엘의 신앙에서는 있을 수가 없는 일
입니다. 그런 일이 버젓이 하나님의 성전 안에서 일어나고 있었
습니다. 하나님이 얼마나 기막히셨겠습니까. "에스겔아, 너 이거
좀 보아라. 보고 있느냐? 그런데 이게 다가 아니다" 하고 말씀이
이어집니다. 8장은 내내 이런 이야기입니다. 이게 끝이 아니고
'너는 다시 다른 큰 가증한 일을 보리라'라는 하나님의 말씀을
따라가 보면 7절부터 13절에 다음 이야기가 이어집니다.

7 그가 나를 이끌고 뜰 문에 이르시기로 내가 본즉 담에 구멍이 있더라 8 그가 내게 이르시되 인자야 너는 이 담을 헐라 하시기로 내가 그 담을 허니 한 문이 있더라 9 또 내게 이르시되 들어가서 그들이 거기에서 행하는 가증하고 악한 일을 보라 하시기로 10 내가 들어가 보니 각양 곤충과 가증한 짐승과 이스라엘 족속의 모든 우상을 그 사방 벽에 그렸고 11 이스라엘 족속의 장로 중 칠십 명이 그 앞에 섰으며 사반의 아들 야아사냐도 그 가운데에 섰고 각기 손에 향로를 들었는데 향연이 구름 같이 오르더라 12 또 내게 이르시되 인자야 이스라엘 족속의 장로들이 각각 그 우상의 방안 어두운 가운데에서 행하는 것을 네가 보았느냐 그들이 이르기를 여호와께서 우리를 보지 아니하시며 여호와께서 이 땅을 버리셨다 하느니라 13 또 내게 이르시되 너는 다시 그들이 행하는 바 다른 큰 가증한 일을 보리라 하시더라 (겔 8:7-13)

질투의 우상이 여호와의 뜰 안으로 들어가는 문 앞에 세워진 것도 어처구니없고 놀랄 만한 일인데, 그 문 옆 담 안의 비밀 방에 모인 이스라엘의 장로 칠십 명이 각종 우상을 숭배하며 여호와께서 우리를 버리셨다고 말하는 장면을 에스겔에게 보여 주십니다. 명백한 배교 행위가 이스라엘의 장로들에 의해 성전 안에서 이루어지고 있습니다. 곧이어 '너는 다시 그들이 행하는 바 다른 큰 가증한 일을 보리라'라는 말씀과 함께 다음 장면이 이어집니다. 14절과 15절입니다.

14 그가 또 나를 데리고 여호와의 전으로 들어가는 북문에 이르시기로 보니 거기에 여인들이 앉아 담무스를 위하여 애곡하더라 15 그가 또 내게 이르시되 인

자야 네가 그것을 보았느냐 너는 또 이보다 더 큰 가증한 일을 보리라 하시더라

(겔 8:14-15)

이번에는 여인들이 여호와의 전으로 들어가는 북문에 앉아서 담무스를 위해 애곡한다고 합니다. 담무스는 고대 수메르의 왕이었던 '두무지'입니다. 두무지는 반신반인으로서 목축의 신으로 여겨졌습니다. 이 두무지, 담무스는 수메르 지역 즉 바벨론의 신을 상징하고, 앞에 나온 각양 곤충과 가증한 짐승의 형상을 예배하는 장면은 애굽의 우상을 섬기는 애굽의 제의를 상징합니다. 그런데 또 여기서 끝이 아니라 이보다 더 큰 가증한 일이 있다고 하시며 에스겔을 여호와의 성전 안뜰로 데려가십니다. 16절입니다.

16 그가 또 나를 데리고 여호와의 성전 안뜰에 들어가시니라 보라 여호와의 성전 문 곧 현관과 제단 사이에서 약 스물다섯 명이 여호와의 성전을 등지고 낯을 동쪽으로 향하여 동쪽 태양에게 예배하더라 (겔 8:16)

성전 문과 제단 사이에서 하나님이 임재하시는 성소를 등지고 동쪽을 향하여 태양신을 섬기는 제의가 성전 안뜰에서 행해지고 있습니다. 이렇게 우상 숭배가 이어지는 장면들이, 하나님이 예루살렘을 심판하시려는 이유로 제시되어 있습니다. 하나님이 임재하시는 처소인 성전 곳곳에서 가증한 우상 숭배들이 태연자약하게 벌어지고 있는 것이 지금 이스라엘의 모습이고, 예루살렘의 모습입니다. 마치 만국우상박람회장과 같습니다. 여호와 하

나님을 섬기고 하나님만을 예배하도록 세우신 그 성전에서 아세라 목상을 섬기는 가나안 제의, 곤충과 짐승을 섬기는 애굽 제의, 수메르 지역의 신 담무스를 섬기는 바벨론 제의, 고대 세계에서 가장 강력한 신으로 추앙받던 태양신을 섬기는 제의가 행해집니다. 하나님은 지금 이스라엘 백성들이 유일한 희망의 근거로 삼고 있는 성전의 실상을 고발하셔서 그들이 가진 희망이 얼마나 헛된 것인지를 깨닫게 하십니다. 이어서 17절과 18절을 보겠습니다.

> 17 또 내게 이르시되 인자야 네가 보았느냐 유다 족속이 여기에서 행한 가증한 일을 적다 하겠느냐 그들이 그 땅을 폭행으로 채우고 또 다시 내 노여움을 일으키며 심지어 나뭇가지를 그 코에 두었느니라 18 그러므로 나도 분노로 갚아 불쌍히 여기지 아니하며 긍휼을 베풀지도 아니하리니 그들이 큰 소리로 내 귀에 부르짖을지라도 내가 듣지 아니하리라 (겔 8 : 17-18)

이스라엘 백성들은 고난이 찾아올 때만 하나님에게 부르짖고 용서해 달라고, 살려 달라고 애원합니다. 그러나 그들은 하나님을 유일한 신으로 섬기지 않으며 또 하나님을 그들의 목자로 여기지 않습니다. 다른 신들을 섬기면서 마치 보험을 들어 놓듯이 급할 때만 하나님을 찾고 원망합니다. 하나님이 그들의 부르짖음에 응답하지 않을 이유가 여기에 있습니다. 그들이 우상 숭배와 폭력으로 이스라엘 땅을 채우고 있기 때문입니다. 우상 숭배와 폭력은 분리되어 있지 않습니다. 내게 힘이 없어서 힘을 달라고 비는 것이 우상 숭배이고, 자기가 가진 힘으로 자신만을 위하는 것이 폭력입니다. 우상을 섬겨 힘을 얻으면 그 힘은 폭력으로 나오게 됩니다. 또 그들이 '심지어 나뭇가지를 그 코에 두었'다고 하는데, 이 구절의 정확한 의미는 알 수 없습니다. 매우 관용적인 표현이라서 당시 사람들이라면 분명히 알 수 있었을 텐데 지금은 알 길이 없습니다. 다만 문맥을 통해 매우 모욕적인 제스처였으리라는 것을 알 수 있습니다. 마치 서양에서 손가락으로 욕하듯이, 하나님을 노골적으로 무시하고 경멸했다는 뜻일 것입니다. 그런 백성들에게 긍휼을 베풀 이유가 없기에, 11장까지 이어지는 환상을 통하여 하나님은 예루살렘을 심판하시고 떠나십니다.

함께 분노하고 묶여 절규하다

예루살렘이 완전히 멸망하고 성전조차 무너지는 심판은 유대인들에게 상상조차 할 수 없는 일이었습니다. 비록 포로로 사로잡혀 왔으나 그들은 예루살렘이 건재하다는 사실에 근거하여 여전히 희망을 품고 있었습니다. 당시 에스겔만 선지자로 활동했던 것이 아니라, 많은 자칭 선지자들이 예루살렘과 유다, 그리고 바벨론 포로 지역에 있었는데 그들은 하나님이 바벨론의 왕 느부갓네살의 멍에를 꺾으시고 자기들을 다시 회복하여 주시리라는 메시지들을 유대인 사회에 전했습니다. 예레미야 29장입니다.

4 만군의 여호와 이스라엘의 하나님께서 예루살렘에서 바벨론으로 사로잡혀 가

게 한 모든 포로에게 이와 같이 말씀하시니라 5 너희는 집을 짓고 거기에 살며 텃밭을 만들고 그 열매를 먹으라 6 아내를 맞이하여 자녀를 낳으며 너희 아들이 아내를 맞이하며 너희 딸이 남편을 맞아 그들로 자녀를 낳게 하여 너희가 거기에서 번성하고 줄어들지 아니하게 하라 7 너희는 내가 사로잡혀 가게 한 그 성읍의 평안을 구하고 그를 위하여 여호와께 기도하라 이는 그 성읍이 평안함으로 너희도 평안할 것임이라 8 만군의 여호와 이스라엘의 하나님께서 이와 같이 말씀하시니라 너희 중에 있는 선지자들에게와 점쟁이에게 미혹되지 말며 너희가 꾼 꿈도 곧 이 듣고 믿지 말라 9 내가 그들을 보내지 아니하였어도 그들이 내 이름으로 거짓을 예언함이라 여호와의 말씀이니라 (렘 29:4-9)

거짓 선지자들은 포로 생활이 곧 끝나고 평화와 회복이 올 것이라 예언합니다. 이 말씀은 예레미야가 바벨론으로 잡혀간 포로들에게 편지를 써 보내는 대목에서 나오는 말씀입니다. 너희가 포로로 사로잡혀 가 있는 그곳에서도 거짓 선지자들이 일어나 하나님이 너희를 예루살렘으로 돌아오게 할 것이라는 예언을 하는데 꿈도 꾸지 말라는 것입니다. 10절을 보면 바벨론에서 70년을 지내야 합니다. '한두 해 살다가 돌아올 것이 아니니 집도 짓고 밭을 일구고 열심히 살아라' 이렇게 말씀하십니다. 포로들이 가진 희망의 근거는 그들이 돌아갈 예루살렘이 건재하고 성전이 무너지지 않았다는 데 있습니다. 그래서 포로 생활이 길지 않으리라 믿었습니다. 하지만 그들이 가장 기대하고 있는 예루살렘과 성전의 현실이 에스겔 8장에서 밝혀지는데, 오히려 예루살렘 성전과 그 안에서 일어나는 일들로 인하여 멸망을 피할 수 없게 되었다는 뼈아픈 지적입니다.

"예루살렘 성전이 건재하기 때문에 희망이 남아 있다고 생각하는 너희들에게 내가 예루살렘 성전에서 일어나고 있는 더러운 실상을 보여 주마! 거기에는 성전 문 앞에 아세라 목상이 서 있고 담 안쪽에서는 하나님이 우리를 버리셨다고 뇌까리는 이스라엘의 장로들이 비밀스럽게 애굽의 우상들을 섬기고 있고, 여인들은 담무스를 위하여 애곡하고 있으며, 성전 안뜰에서는 하나님의 성전 문과 제단 사이에서 성소를 등지고, 즉 하나님을 향해서는 엉덩이를 들이대고 태양신을 바라보며 숭배하는 자들이 있는데 거기에 무슨 희망이 있다는 말이냐!" 노골적인 우상 숭배가 이스라엘의 지도자들로부터 부녀자들에 이르기까지 예루살렘 성전 안에서 자행되고 있다는 고발이 에스겔 8장에 나옵니다. 이 모든 일을 환상 가운데 직접 눈으로 보는 에스겔의 입장을 깊이 생각해 보려고 합니다.

에스겔은 제사장 가문에서 태어나 제사장이 되기를 고대했던 사람입니다. 그러나 스물다섯 살, 원래의 제도에 따르면 견습 제사장으로 성전에 들어가 제사장의 직무를 배우고 익혀야 할 무렵에 바벨론에 포로로 사로잡혀 옵니다. 그리고 제사장으로 세워질 서른 살 생일을 맞아, 바벨론 포로지에서 전혀 기대하지 않았던 선지자직을 받았습니다. 그의 사명은, 포로들의 유일한 희망인 예루살렘이 죄악으로 가득 찼고 예루살렘 성전도 우상 숭배로 가득 차 결국은 예루살렘과 성전이 훼파되고 무너질 것이며 이 포로 생활이 짧은 시간 안에 끝나지 않으리라 예언하는 것

이었습니다. 그는 환영받지 못할 메시지를 전하는 역할을 맡아야
했습니다.

장로들이 나와서 에스겔 앞에 앉았으나 그 분위기가 호의적이
지는 않았을 것입니다. 에스겔도 좋은 말을 전하고 싶었겠으나
선지자로서 하나님이 주신 말씀만을 전해야 했습니다. 그는 하나
님에게 매인 바 되어 하나님이 보여 주시는 것을 보지 않을 도리
가 없었습니다. 하나님의 시선을 공유하고 하나님의 마음을 백성
들에게 전해야 했습니다. 그런 면에서 에스겔은 하나님의 페르소
나였던 것입니다. 본문 말씀을 보면 갑자기 하나님의 권능(손)이
에스겔 위에 임하고 에스겔은 머리끄덩이가 잡혀 1,600킬로미터
공간 이동을 해서 예루살렘 성전에 붙들려 가 실상을 보게 됩니
다. 에스겔은 어떤 마음이었을까요. 거룩하신 하나님을 예배하는
곳이고 죄인들이 나와서 하나님에게 죄를 사함 받아 깨끗하게
되어 돌아가는, 이스라엘의 회복과 희망의 장소인 성전이 이렇게
까지 더러워질 수 있는가 싶은 모습을, 제사장을 꿈꿨던 에스겔
이 보게 됩니다.

거기서 하나님이 보시는 것을 함께 보고, 그 아픔을 함께 느
끼며 공감하고 분노합니다. 한편으로는 백성의 일원으로서 그들
이 죄로 인하여 심판받고 죽어 나가는 모습을 보며 하나님을 향
해 절규하기도 합니다. 다시 에스겔로 돌아와 9장을 보겠습니다.
9장은 하나님이 예루살렘에 심판의 사자를 보내서서 불경건한
자들을 심판하시는 장면을 보여 줍니다. 8절입니다.

8 그들이 칠 때에 내가 홀로 있었는지라 엎드려 부르짖어 이르되 아하 주 여호와 여 예루살렘을 향하여 분노를 쏟으시오니 이스라엘의 남은 자를 모두 멸하려 하 시나이까 (겔 9 : 8)

에스겔은 완전히 끼어 있는 존재입니다. 하나님 편에서 보면 하 나님의 마음을 느끼며 함께 분노하지만, 그 분노가 이스라엘 백 성에게 쏟아지는 모습을 보면 이렇게 끝날 수는 없지 않냐고 하 나님에게 절규합니다. 이쪽과 저쪽 사이에 낀 존재, 하나님과 그 의 백성 사이에 낀 존재로 에스겔은 서 있습니다. 그런데 이 역 할이야말로 에스겔이 원했던 진짜 제사장의 모습입니다. 제사장 은 하나님 앞에서는 사람의 편을 들어야 하고 사람 앞에서는 하 나님의 편을 들어야 하는 존재입니다. 그것은 단지 서로에게 좋 은 말을 적당히 전해 주는 무책임한 중개인 같은 역할이 아닙니 다. 에스겔의 시대와 같은 비상시국에 멋있게 옷을 차려입고 백 성들이 가져온 고기로 제사를 드리고, 제물을 바치는 사람들에 게 평안을 선언하는 모습은 오히려 제사장답지 않습니다. 하나 님의 시선으로 바라보며 하나님과 마음을 나누며 함께 분노하고 심판을 선포하지만, 또 멸망에 처한 백성들을 보면 너무나 가슴 이 아파 이러지도 저러지도 못하며 쩔쩔매는 존재가 훨씬 제사 장다운 모습입니다.

진짜 제사장

에스겔 자신이야말로 제사장의 전통적인 역할을 소망했을 것입니다. 그가 꿈꾸던 제사장의 직무는 거룩한 제사장의 의복을 갖추어 입고 하나님을 예배하며, 예배자들을 이끌어 하나님에게로 가서 그들을 정결하고 거룩하게 한 뒤에, 거룩하게 된 예배자들에게 평안을 선포하며 그들을 돌려보내는 일이었습니다. 그런데 이미 예루살렘 성전은 심각하게 오염되어 있고, 성전에서 드려지는 예배를 하나님이 더 이상 기뻐하지 않으시는 상황입니다. 이런 처지에서 에스겔은 진짜 제사장의 사역을, 선지자로서 포로로 사로잡힌 중에 성전이 없는 곳에서 하게 되었습니다.

참 아이러니하게도 예루살렘이 철저하게 타락하고 성전에 우상 숭배가 만연하여 하나님이 예배를 받지 않으시는 때, 예루살렘과 바벨론의 유대인 포로 거주지에서 제사장 가문의 두 선지자가 부름을 받습니다. 바로 예레미야와 에스겔입니다. 하나님은 그들이 예루살렘에서 제사장으로 세워지기를 원치 않으십니다. 지금은 이스라엘 백성들이 하나님의 진노 앞에 직면해 있다는 사실을, 백성들의 적대를 온몸으로 받아 내면서도 물러서지 않고 하나님 편에서 증언할 사람이 필요합니다. 그들 속에서 이 심판을 함께 겪으며 하나님의 진노로 고통 받고 아파하면서도 하나님 편에 서서 백성들에게 하나님의 뜻을 전하는 역할입니다. 하나님이 그 역할을 할 예레미야와 에스겔을 각각 예루살렘과 바벨론 포로지에 제사장이 아닌 선지자로 세우십니다.

에스겔은 하나님의 페르소나가 되어 원치 않은 곳에 붙들려

가고, 굳이 보고 싶지 않은 것들을 똑똑히 보고, 하나님의 음성을 듣고, 포로로 사로잡혀 있던 백성들에게 그들을 불쾌하고 불안하게 하는 메시지를 전합니다. 우리는 '내 눈이 주께서 보는 것을 보게 하시고, 내 손이 주의 손이 되게 해 주십시오. 내 발이 주께서 계신 곳을 향하게 하소서. 주님 내가 여기 있사오니 나를 보내소서'와 같은 거창한 가사의 찬양을 많이 합니다. 하나님의 페르소나로서 살기를 소원하는 다짐인 줄 압니다. 그러나 하나님의 사람으로 살아간다는 것은 에스겔과 예레미야의 생애와 같이, 사이에 끼어 이쪽과 저쪽 양편으로 인해 마음이 찢어지는 일일 수도 있습니다. 그러나 하나님은 우리가 하나님과 마음을 나누는 존재로 서길 원하십니다. 하나님은 에스겔을 세우셔서 이스라엘 백성을 일깨우기를 원하십니다. 우상 숭배와 같이 단지 기계적인 순종과 보상의 관계가 아니라 서로 사랑을 나누고 신뢰를 나누는 동등한 관계를 목적하십니다. 그래서 우상 숭배 정도의 관계에 머물고 만족하는 이스라엘 백성에게 에스겔을 보내셔서 도전하시고 깨시며, 하나님과 마음을 나누는 영광된 존재의 모습을 에스겔을 통해 보여 주십니다.

'에스겔아, 내가 보는 것을 함께 보자. 내 옆에 서라. 나와 함께 내 백성의 죄를 짊어져라.' 하나님이 에스겔에게 말씀하십니다. 그리고 우리에게도 요구하십니다. 하나님은 우리가 하나님과 그저 기계적인 순종과 보상의 관계가 되는 정도로 만족하는 것을 원하지 않으십니다. 무조건 엎드리는 것이 답이 아닙니다. 하나님은 우리가 하나님 앞에 서길 원하십니다. 동등한 자리에 서서 하나님과 사랑을 나누고 마음을 나누고 하나님이 보는 것을 보고 하나님이 아파하시는 것을 같이 아파하는 존재가 되기를 원하십니다. 우리는 에스겔에게서 이런 모범을 보게 됩니다. 그리고 궁극의 페르소나 예수님을 통하여 하나님이 어떤 분이신지를 알게 되었습니다.

아는 자가 되었으니 우리도 이 세상 앞에 하나님을 드러내는 존재로서 책임을 다해야 합니다. 겸손히 하나님의 뜻을 찾아 말씀을 읽고, 주시는 말씀을 통하여 자신과 세상을 하나님의 시선으로 하나님과 함께 보며 하나님의 마음을 공유하는 페르소나로 서는 것, 그것이 하나님이 에스겔을 들어 우리에게 보여 주시는 바라고 생각합니다. 우리 함께 그 마음을 나누고 하나님의 페르소나로 서서 사는 은혜가 있기를 바랍니다.

기도

하나님 아버지, 감사합니다. 하나님이 이스라엘 백성들을 바라보며 느끼셨을 고통, 분노, 애가 타는 마음, 그런 것들을 우리가 말씀을 통해 보게 됩니다. 그보다 더한 가증한 일들을 행하고 있는 사람이 이스라엘 뿐 아니라 우리 자신이었음을 고백합니다. 그러나 하나님은 우리의 죄를 사하시고, 에스겔이 하나님의 사람으로 섰듯이 또한 우리를 들어 이 세상 앞에 하나님을 드러내는 존재로 세우겠다고 하시니 감사하며 우리가 그렇게 서기를 원합니다.

하나님, 하나님의 마음을 우리에게 보여 주시고 하나님이 보시는 것들을 함께 보는 은혜를 허락하여 주시옵소서. 세상이 우리를 싫어하고 미워할지라도 하나님 곁에 서서 하나님을 증거하는 존재로 서는 주의 백성이 될 수 있도록 우리를 인도하여 주시고 주의 영으로 충만하게 채워 주옵소서. 예수님의 이름으로 기도합니다. 아멘.

주의 명령대로 준행하다

강선

1 또 그가 큰 소리로 내 귀에 외쳐 이르시되 이 성읍을 관할하는 자들이 각기 죽이는 무기를 손에 들고 나아오게 하라 하시더라 2 내가 보니 여섯 사람이 북향한 윗문 길로부터 오는데 각 사람의 손에 죽이는 무기를 잡았고 그 중의 한 사람은 가는 베 옷을 입고 허리에 서기관의 먹 그릇을 찼더라 그들이 들어와서 놋 제단 곁에 서더라 3 그룹에 머물러 있던 이스라엘 하나님의 영광이 성전 문지방에 이르더니 여호와께서 그 가는 베 옷을 입고 서기관의 먹 그릇을 찬 사람을 불러 4 여호와께서 이르시되 너는 예루살렘 성읍 중에 순행하여 그 가운데에서 행하는 모든 가증한 일로 말미암아 탄식하며 우는 자의 이마에 표를 그리라 하시고 5 그들에 대하여 내 귀에 이르시되 너희는 그를 따라 성읍 중에 다니며 불쌍히 여기지 말며 긍휼을 베풀지 말고 쳐서 6 늙은 자와 젊은 자와 처녀와 어린이와 여자를 다 죽이되 이마에 표 있는 자에게는 가까이 하지 말라 내 성소에서 시작할지니라 하시매 그들이 성전 앞에 있는 늙은 자들로부터 시작하더라 7 그가 또 그들에게 이르시되 너희는 성전을 더럽혀 시체로 모든 뜰에 채우라 너희는 나가라 하시매 그들이 나가서 성읍 중에서 치더라 8 그들이 칠 때에 내가 홀로 있었는지라 엎드려 부르짖어 이르되 아하 주 여호와여 예루살렘을 향하여 분노를 쏟으시오니 이스라엘의 남은 자를 모두 멸하려 하시나이까 9 그가 내게 이르시되 이스라엘과 유다 족속의 죄악이 심히 중하여 그 땅에 피가 가득하며 그 성읍에 불법이 찼나니 이는 그들이 이르기를 여호와께서 이 땅을 버리셨으며 여호와께서 보지 아니하신다 함이라 10 그러므로 내가 그들을 불쌍히 여기지 아니하며 긍휼을 베풀지 아니하고 그들의 행위대로 그들의 머리에 갚으리라 하시더라 11 보라 가는 베 옷을 입고 허리에 먹 그릇을 찬 사람이 복명하여 이르되 주께서 내게 명령하신 대로 내가 준행하였나이다 하더라 (겔 9:1-11)

무서운 심판

에스겔 8장에서 시작된 환상이 계속됩니다. 하나님은 에스겔에게 환상을 통해 예루살렘의 상태를 보여 주셨습니다. 이어서 9장에서는 이런 상태의 예루살렘에 도래할 미래를 역시 환상을 통해 보여 줍니다. 몹시 참혹한 일이 그려져 있습니다.

1 또 그가 큰 소리로 내 귀에 외쳐 이르시되 이 성읍을 관할하는 자들이 각기 죽이는 무기를 손에 들고 나아오게 하라 하시더라 2 내가 보니 여섯 사람이 북향한 윗문 길로부터 오는데 각 사람의 손에 죽이는 무기를 잡았고 그 중의 한 사람은 가는 베 옷을 입고 허리에 서기관의 먹 그릇을 찼더라 그들이 들어와서 놋 제단

곁에 서더라 (겔 9:1-2)

하나님이 누구를 부르십니다. '이 성읍을 관할하는 자들'이라고 되어 있는데, 이들은 성읍을 책임지고 있는 관리들이 아닙니다. '집행인'이라고 생각하면 이해가 쉽습니다. '죽이는 무기를 손에 들고' 있다고 하니, '사형집행인'입니다.

하나님이 말씀을 마치시자, 여섯 명이 북쪽 문 앞에 등장합니다. 이들은 손에 '죽이는 무기', 곧 몽둥이 같은 것을 쥐고 있습니다. 이어서 또 한 명이 등장하는데, 이 사람은 인상착의가 다릅니다. 가는 베옷을 입고 허리에 서기관의 먹 그릇을 차고 있습니다. 무엇을 쓰기 위한 필기도구를 지참하고 있는 것입니다. 이들이 성전에 들어와 성전 앞 놋 제단 앞에 섰습니다.

3 그룹에 머물러 있던 이스라엘 하나님의 영광이 성전 문지방에 이르더니 여호와께서 그 가는 베 옷을 입고 서기관의 먹 그릇을 찬 사람을 불러 4 여호와께서 이르시되 너는 예루살렘 성읍 중에 순행하여 그 가운데에서 행하는 모든 가증한 일로 말미암아 탄식하며 우는 자의 이마에 표를 그리라 하시고 (겔 9:3-4)

이제 하나님의 영광이 지성소 안에 있던 그룹에서 성전 문지방으로 이동하고, 하나님은 일곱 번째 사람을 부르십니다. 그에게 명령하시길, 예루살렘을 다니면서 거기서 행해지는 '모든 가증한 일로 말미암아 탄식하며 우는 자'의 이마에 표시를 하라고 하십니다. 예루살렘에서 벌어지는 일 때문에 슬퍼하고 신음하는 자를 찾아내라는 말씀입니다.

명령에 따라 이 사람이 앞장을 서고, 몽둥이를 든 여섯 명이 뒤따릅니다. 앞장선 사람이 해당자를 찾아내서 표시를 하면, 몽둥이를 든 이들이 행동을 개시합니다.

5 그들에 대하여 내 귀에 이르시되 너희는 그를 따라 성읍 중에 다니며 불쌍히 여기지 말며 긍휼을 베풀지 말고 쳐서 6 늙은 자와 젊은 자와 처녀와 어린이와 여자를 다 죽이되 이마에 표 있는 자에게는 가까이 하지 말라 내 성소에서 시작할지니라 하시매 그들이 성전 앞에 있는 늙은 자들로부터 시작하더라 7 그가 또 그들에게 이르시되 너희는 성전을 더럽혀 시체로 모든 뜰에 채우라 너희는 나가라 하시매 그들이 나가서 성읍 중에서 치더라 (겔 9:5-7)

이들은 이마에 표시하는 자를 뒤따르며, 표시가 된 자들 말고는 전부 쳐서 죽입니다.

이 일로 성전은 더럽혀질 것입니다. 하나님은 성전에서부터 이 일을 시작하라고 하십니다. 명령을 따라 몽둥이를 든 자들은 성전 앞에 서 있던 장로들부터 죽이기 시작합니다. 이스라엘 역사에서 성전은 얼마나 엄숙히 보존되어 온 공간인지 모릅니다. 그런데 이곳이 맞아 죽은 시체들로 채워집니다. 이스라엘 사람들의 삶에서 이제껏 거룩함을 구별해 온 경계선이 무너집니다. 이것이 환상의 내용인데, 이제 4년쯤 지나면 유다 땅에 실제로 일어날 일입니다.

환상 속 정경을 보니, 피비린내가 납니다. 어렴풋이 느껴지는

게 아닙니다. 온 성읍이 피로 칠갑이 됩니다. 얇은 베옷을 입은 사람이 붓으로 사람들을 표시하고 지나가면, 그 뒤로는 도시가 피로 온통 물듭니다. 몽둥이에서 피가 뚝뚝 떨어지는 광경, 떨어진 살점이 몽둥이에 묻어 있는 장면이 눈앞에 그려집니다.

이것은 어디서 본 적이 있는 것 같은 장면입니다. 출애굽 전야의 애굽이 떠오릅니다. 그때 하나님이 말씀하셨습니다. '내가 애굽을 심판할 것이니, 너희는 어린 양의 피를 문 주위에 발라라. 그렇지 않은 집은 장자를 모두 칠 것이다.'

12 내가 그 밤에 애굽 땅에 두루 다니며 사람이나 짐승을 막론하고 애굽 땅에 있는 모든 처음 난 것을 다 치고 애굽의 모든 신을 내가 심판하리라 나는 여호와라 13 내가 애굽 땅을 칠 때에 그 피가 너희가 사는 집에 있어서 너희를 위하여 표적이 될지라 내가 피를 볼 때에 너희를 넘어가리니 재앙이 너희에게 내려 멸하지 아니하리라 14 너희는 이 날을 기념하여 여호와의 절기를 삼아 영원한 규례로 대대로 지킬지니라 (출 12:12-14)

이 일은 '심판'이었습니다. 이스라엘 민족에게는 구원이었으나, 애굽에게는 심판이었습니다. 세월이 흘러 이번에는 '심판'의 대상이 이스라엘 족속입니다.

죽음이라고 하면, 우리는 깔끔하게 죽고 끝나는 이미지를 떠올립니다. 심판의 죽음마저도 그렇게 생각합니다. 그러나 여기 환상 속 죽음은 그런 것이 아닙니다. 출애굽기만 보아도 그렇습니다. 하나님은 '모든 처음 난 것을 다 치고'라고 하시는데, 우리는 '치고'라는 말을 비유적으로 이해하고 맙니다.

하지만 그 시절은 청동기 시대였습니다. 그때 칼은 철기 시대의 칼과는 다릅니다. 무엇을 베어서 죽이는 무기가 아니라, 때려서 죽이는 무기였습니다. 칼로 사람을 때리면, 단칼에 베여 나가지 않고 짓이겨집니다. 죽을 때까지 힘껏 때려야 합니다.

에스겔의 환상도 마찬가지입니다. 하나님의 명령을 수행하는 이들은 '죽이는 무기'를 들고 있습니다. 총 한 방, 주사 한 대로 사람을 쓰러뜨리는 광경이 아닙니다. 상대가 죽을 때까지 몽둥이를 휘두르는 이 심판은 정말 무시무시한 죽음을 가져옵니다. 지금 우리가 흔히 볼 수 있는 광경이 아닙니다.

그때 죽음은 우리가 떠올리듯 총 한 방, 칼 한 대로 깔끔하게 끝나는 일이 아니었습니다. 살점이 뭉개지고 뼈가 으스러지는 일입니다. 죽음은 존재가 그렇게 뭉개져 버리는 것입니다. 그 무서운 일을 하나님의 백성이라는 유다 사람들이 당하게 될 것입니다. 애굽이 심판을 받았듯, 이제 이스라엘 족속이 심판을 받습니다.

심판의 이유

왜 이런 참혹한 일이 벌어지는 것일까요. 앞에 나온 8장에서 그 이유를 찾을 수 있습니다. 거기에 네 가지 환상으로 유다에서 벌어지고 있던 일이 묘사되어 있습니다. 성전 안 곳곳의 모습입니다.

첫째로 북쪽 제단문 어귀에 '질투의 우상'이 세워져 있습니다.

가나안의 신인 아세라일 것입니다. "그가 내게 이르시되 인자야 이제 너는 눈을 들어 북쪽을 바라보라 하시기로 내가 눈을 들어 북쪽을 바라보니 제단문 어귀 북쪽에 그 질투의 우상이 있더라"(겔 8:5).

둘째로 성전 방 안에 각양 곤충과 가증한 짐승이 그려져 있고 장로들이 그 앞에서 경배합니다. 벽에 그려진 것들은 애굽의 신들입니다.

7 그가 나를 이끌고 뜰 문에 이르시기로 내가 본즉 담에 구멍이 있더라 8 그가 내게 이르시되 인자야 너는 이 담을 헐라 하시기로 내가 그 담을 허니 한 문이 있더라 9 또 내게 이르시되 들어가서 그들이 거기에서 행하는 가증하고 악한 일을 보라 하시기로 10 내가 들어가 보니 각양 곤충과 가증한 짐승과 이스라엘 족속의 모든 우상을 그 사방 벽에 그렸고 11 이스라엘 족속의 장로 중 칠십 명이 그 앞에 섰으며 사반의 아들 야아사냐도 그 가운데에 섰고 각기 손에 향로를 들었는데 향연이 구름 같이 오르더라 (겔 8:7–11)

셋째로 성전 북문에 바벨론 신인 담무스를 섬기는 자들이 있습니다. "그가 또 나를 데리고 여호와의 전으로 들어가는 북문에 이르시기로 보니 거기에 여인들이 앉아 담무스를 위하여 애곡하더라"(겔 8:14).

넷째로 성전 안뜰입니다. 거기에 사람들이 여호와의 성전을 등지고, 동쪽 태양을 예배하고 있습니다. "그가 또 나를 데리고 여호와의 성전 안뜰에 들어가시니라 보라 여호와의 성전 문 곧 현관과 제단 사이에서 약 스물다섯 명이 여호와의 성전을 등지고 낯을 동쪽으로 향하여 동쪽 태양에게 예배하더라"(겔 8:16).

성전은 문이 동쪽을 향하고 있으니, 성전을 바라보려면 서편을 향해 서야 합니다. 그런데 사람들은 지금 동쪽을 바라보고 태양을 향해 허리를 숙이고 있습니다. 성전에 등을 돌리고 있는 것입니다. 이와 같은 성전의 모습이 바로 예루살렘의 모습이었고, 그에 따른 결과가 이어집니다.

이제 하나님은 성전을 떠나십니다. '그들이 여기에서 크게 가증한 일을 행하여 나로 내 성소를 멀리 떠나게 하느니라'(겔 8:6). 하나님이 떠나신 유다는 전처럼 하나님의 긍휼히 여기심을 받을 수 없습니다.

18 그러므로 나도 분노로 갚아 불쌍히 여기지 아니하며 긍휼을 베풀지도 아니하리니 그들이 큰 소리로 내 귀에 부르짖을지라도 내가 듣지 아니하리라 (겔 8:18)

유다는 더는 하나님과 공존할 수 없어, 하나님의 긍휼을 누릴 수 없는 상태로 떨어지는 것입니다. 하나님과 이스라엘의 관계가 파괴되고 맙니다.

하나님은 굉장히 감정적인 어조로, 내가 분노로 갚을 것이다, 아무도 불쌍히 여기지 않을 것이다, 나한테 아무리 부르짖어도 내가 듣지 않을 것이다, 하고 말씀하십니다. 하나님이 감정까지 담은 듯 말씀하시는 것을 보니 당혹스럽습니다. 사람이 부족하다고 하여 하나님이나 되시는 분이 이렇게까지 화를 내실 게 있을까 싶기도 합니다.

우리 생각에 하나님 같은 분이라면, 감정적으로 일을 대하시면 안 될 것 같습니다. 하나님쯤 되시면 찌질한 인간 같지 않게, 통 크게 용서도 하시고 눈감아도 주시고 해야 더 어울려 보입니다. 우리가 생각하는 멋진 인간이 그런 모습이어서 그렇습니다.

하나님의 이 분노를 제대로 대하려면, 하나님과 이스라엘의 관계가 무엇인지 먼저 생각해 보아야 합니다. 이스라엘 족속과 하나님은 언약 관계를 맺고 있습니다. 그 내용은 '나는 너희의 하나님이 되고, 너희는 내 백성이 될 것이다'라는 말씀으로 요약됩니다. 이것은 아주 특별한 관계여서, 신약은 이 특별한 관계를 반영하여 그리스도와 교회의 관계를 '부부 관계'에 비유합니다.

그러니 이 환상을 보며 '무슨 일이 벌어진 것인가'를 묻는다면, 답을 찾기 위한 출발점으로 연인 관계나 부부 관계를 떠올려야 합니다.

먼저 우리가 생각하는 연인 관계를 떠올려 봅시다. 지금 하나님은 여러 차례 이스라엘을 '가증스럽다'라고 하십니다(8:6, 13, 15, 17). '역겹다'라는 말입니다. 어떤 상황이기에 역겹기까지 할까요.

연애하는 이들이라면 더 실감 나게 그려 볼 수 있습니다. 어떤 상황이어야 연인을 떠올리며 역겹다고 느낄까요. 절대 흔한 일이 아닙니다. 교제가 오랜 기간 이어져 설렘이 줄어들고 밋밋해지는 것과는 다른 일입니다.

연인은 서로에 대한 신뢰가 무너질 때에 역겨움을 느낍니다.

상대의 존재 자체를 견딜 수 없습니다. 서로를 향해 헌신한다는 약속에 세워진 관계이니, 그 터전이 흔들리면 관계는 지속될 수 없습니다.

내 연인이 나를 연인이라고 하면서, 여기저기 헤프게 하고 다닌다고 해 봅시다. 유다가 지금껏 해 온 행동이 바로 그런 것입니다. 유다는 '양다리'를 걸친 정도가 아닙니다.

환상을 보면, 유다는 거의 '문어 다리' 수준으로 온갖 신에게 추파를 던지고 있습니다. 알고 있는 신들을 전부 여호와 하나님의 성전에 초대합니다. 가나안 신, 애굽 신, 바벨론 신 할 것 없이 신이라고 불리는 것에는 다 마음을 주고 있습니다. 애굽과 바벨론은 적대국입니다. 그러니 애굽 신과 바벨론 신은 사이가 좋을 리 없을 텐데, 유다에게는 상관이 없습니다. 신이라는 신은 다 불러 놓고 뭔가를 해 달라고 빌고 있습니다.

하나님의 성전을 다른 신들의 그림으로 장식하고 있습니다. 신혼부부의 신방(新房)을 온통 다른 이성의 사진과 물건들로 도배하는 것과 같습니다.

남편이 집에 들어와 보니, 벽에는 아내가 낯선 남자와 찍은 커다란 사진이 붙어 있습니다. 서랍 속에는 자기가 모르는 남자의 속옷으로 채워져 있습니다. 욕실에도 남편이 모르는 면도기, 로션, 그가 좋아하지 않는 향수가 펼쳐져 있습니다. 이제 보니 현관에도 웬 남자 구두가 여러 켤레 있었습니다. 집이 이런 모양인데, 아내는 들어오는 남편을 보고 반갑다며 웃고 있습니다. 역겨움이란 이런 것입니다.

이런 상황에서 아내를 위한다는 이유로 아무 일도 없는 것처럼 넘어가야 통 큰 멋진 남편일까요. 아내가 아무것도 아닌 존재가 아니라면, 남편 마음은 평소와 같을 수 없습니다. 아내와의 관계가 소중하다면, 남편은 절대 그냥 넘어갈 수 없을 것입니다.

하나님이 바로 이런 일을 당하고 계셨습니다. 어떻게 아내와 같은 이스라엘이 하나님에게 그럴 수가 있을까요. 남편이신 하나님이 물으시는 겁니다. '어떻게 이런 일이 있을 수 있느냐. 너는 내 신부인데, 어떻게 이럴 수 있느냐.' 아내인 이스라엘은 오히려 울며불며 이렇게 답합니다.

12 그들이 이르기를 여호와께서 우리를 보지 아니하시며 여호와께서 이 땅을 버리셨다 하느니라 (겔 8:12 하)

이들은 소리 높여 외칩니다. '여호와께서 우리를 쳐다보지도 않으신다. 여호와께서 이 땅을 버리셨다.' 이게 다 하나님이 자기들을 외면하고 버리셨기 때문이라는 겁니다.

구약 성경을 읽어 온 우리는 하나님이 이제껏 이스라엘 민족을 어떻게 대하셨는지 알고 있습니다. 남편이신 하나님의 마음속은 온통 아내 이스라엘뿐이었습니다. 이스라엘 족속을 지켜내고 그들과의 관계를 지켜 내기 위해 갖은 방법을 다 써 오셨습니다. 그러나 이제 겨우 한 줌으로 남아 있는 남 왕국 유다의 이스라엘 족속은 이렇게 울고 있습니다. '내가 그때부터 알아봤어. 마음이 바뀐 거지. 내가 못 살아.' 하나님이 이런 일을 당하고 계십니다.

아내를 정말 사랑하는 남편에게, 이것은 정말 모욕적인 일입니다. 이스라엘 족속이 그렇게 하나님을 모욕하고 있습니다. '내가 왜 이러는 줄 알아? 당신 잘못이야!'를 되뇌며, 하나님에게 등을 돌리고 있습니다.

대체 하나님이 이스라엘 족속에게 무엇을 잘못하신 걸까요. 그 판단 기준은 무엇일까요. 유다의 대답은 '내가 바라는 대로 안 해 주잖아요'일 것입니다.

여기서 하나님과 이스라엘 백성 사이의 관계를 그저 연인 관계, 부부 관계로만 비유할 수 없는 지점에 이르게 됩니다. 이런 관계일 뿐이라면, 각자의 취향을 존중해 주는 것도 가능할 것입니다.

하나님과 이스라엘의 언약 관계는 대등한 양자의 관계가 아닙니다. 서로가 원하는 대로 관계를 맺을 수도 있고 거부할 수도 있는 대등한 쌍방이 마주하고 있는 것이 아닙니다. 대등은커녕 한쪽은 스스로를 지탱할 수도 없는 존재입니다. 한쪽이 다른 한쪽의 존재 자체를 책임지고 있습니다. 이것이 하나님과 이스라엘이 맺고 있는 언약 관계의 핵심입니다. 이스라엘 족속은 하나님에게 의존하지 않고는 존재할 수 없습니다.

하나님과의 언약 관계가 이스라엘의 존속을 결정합니다. 이 점을 이스라엘 족속은 전혀 이해하지 못합니다. 오히려 하나님을 계속해서 모욕하고 있습니다. 역사 속에서 거듭하여 자기 기준으로 모든 사태를 판단하며, 이제는 죽겠다고, 이제는 살겠다고 합니다. 자기들의 운명은 자기들이 제일 잘 아는 것인 양 오해하고 있습니다. 그래서 하나님조차도 자기들이 원하는 대로 움직이지 않으면 필요 없다고 떠드는 것입니다.

9 그가 내게 이르시되 이스라엘과 유다 족속의 죄악이 심히 중하여 그 땅에 피가 가득하며 그 성읍에 불법이 찼나니 이는 그들이 이르기를 여호와께서 이 땅을 버리셨으며 여호와께서 보지 아니하신다 함이라 (겔 9 : 9)

북 왕국 이스라엘과 남 왕국 유다의 상태입니다. 땅에 피가 가득하며 불법이 찼습니다. 살겠다고, 살려면 어떡하겠느냐고, 서로를 괴롭히며, 약한 자들의 것을 빼앗고 그들을 죽이고 있습니다. 땅을 피와 불법으로 가득 채우며 그 이유를 이렇게 말합니다. '여호와께서 이 땅을 버리셨으며, 여호와께서 보지 아니하신다. 우리가 왜 이 지경이 되었는지 아는가. 하나님이 제때에 도와주지 않아서다. 우리가 이렇게 하는 것은 다 하나님 탓이다!' 우리라면 이런 사람을 연인으로 사귈까요.

유다는 지난 역사를 내내 이렇게 채우고 있었습니다. 북 왕국 이스라엘이 앗수르에게 멸망한 것이 150년 전입니다. 그 후 계속해서 앗수르가 천하를 호령합니다. 지난 백여 년간 유다는 앗수르에게 멸망당할까 노심초사합니다. 불안과 초조 속에 그들은 하나님이 말씀하신 것과 반대로 움직입니다. 하나님은 앗수르를 두려워하지 말라고 하시는데, 그들은 두려움 속에 온갖 대책을 모색합니다.

유다에게 자신들의 삶을 결정지을 가장 중요한 변수는 앗수르였습니다. 삶의 중심이 앗수르였던 것입니다. 그러니 무엇을 하든 그들의 눈은 앗수르의 움직임을 따라갑니다.

그런데 하나님의 말씀대로 정말 앗수르가 힘을 잃고 저물어가기 시작합니다. 앗수르 다음에 새로운 강대국으로 등장한 것이 바벨론이었습니다. 유다는 바벨론에 대해서도 마찬가지로 행동합니다.

하나님은 유다에게 바벨론을 가까이하지 말라고 하셨습니다. 그러나 유다는 바벨론과 친선을 도모하려고 애씁니다. 이 힘 있는 나라와 가까우면 걱정 없이 살 수 있다고 생각해서 하나님의 말씀을 무시합니다.

세월이 흘러 예레미야 같은 선지자가 등장해서 하나님의 말씀을 새로이 전합니다. 바벨론을 받아들이고 심판을 감수하라고 합니다. 그런데 이번에는 유다가 바벨론을 적으로 삼기 시작합니다.

역사 속에서 발견하는 유다의 행동 기준은 단 하나 같습니다. 하나님이 말씀하시는 것과 반대로 하는 것입니다. 이 모습이 환상 속에서 상징적으로 묘사되었습니다. 그들의 삶은 한 마디로 '여호와의 성전을 등지고' 사는 것이었습니다. 동쪽 태양을 보고 절을 하려면, 하나님의 성전을 향해서는 엉덩이를 휘두르게 됩니다. 이것이 유다의 모습입니다.

탄식하며 우는 자들

이런 유다를 기다리는 것이 무엇이겠습니까. '불쌍히 여기지 아니하며 긍휼을 베풀지도 아니하리니'(겔 8:18). 9장에도 똑같은 말씀이 반복됩니다. '불쌍히 여기지 아니하며 긍휼을 베풀지 아니하고'(겔 9:10).

이 말씀만 대하면 하나님이 매정해 보이기도 하지만, 당연한 결과입니다. 줄곧 하나님과 반대로 움직이면서, 어찌 하나님의 긍휼을 바라겠습니까. 상대가 내 인생을 책임지고 있는데도 그를 신뢰하지도 않고 그의 권위를 인정하지 않으며 오히려 그를 쥐락펴락하려고 하는데, 어찌 이 관계가 지속될 수 있겠습니까. 이것이 9장에서 묘사되는 하나님의 분노입니다.

하나님을 인정하지 않고, 하나님의 주권을 인정하지 않는 삶은 좋은 결과를 맺을 수 없습니다. 하나님 없이 잘 살 수는 없습니다. 생명의 근원에서 끊어졌기 때문에 패망으로 이어집니다. 하나님이 다가오셔서 우리를 불쌍히 여겨 주시길 바란다면, 먼저 잊지 말아야 할 점이 있습니다. 이 관계의 주도권은 내가 아니라, 전적으로 하나님에게 있다는 것입니다.

그분이 나를 버리지 않았다고 하시면, 정말 그런 것입니다. 내가 어떤 경험을 하든, 내게 무슨 느낌이 들든 상관없습니다. 그분이 나를 버리셨는지 아닌지는 내가 판단하고 따질 일이 아닙니다. 하나님이 나를 버리지 않으셨다고 하면, 버리지 않으신 겁니다. 스스로 자기 형편을 돌아보며, 하나님이 나를 버리셨는지 아닌지를 묻는 것은 좋은 신앙의 태도가 아닙니다.

신약의 성도인 우리는 하나님이 우리를 사랑하시면 그 어떤 것도 우리를 그분의 사랑에서 끊을 수 없다는 것을 배워 알고 있습니다. 그러니 그분과 그분의 선의를 믿는다면, 그분을 믿고 나아가는 것이 신앙입니다. 그분을 믿는다면, 그분의 기준에 따라 생각하고 그 기준에 따라 우리 형편을 보아야 합니다. 바로 이런 모습이 본문에 나와 있습니다.

> **4** 여호와께서 이르시되 너는 예루살렘 성읍 중에 순행하여 그 가운데에서 행하는 모든 가증한 일로 말미암아 탄식하며 우는 자의 이마에 표를 그리라 하시고 (겔 9:4)

이 모든 일로 말미암아 '탄식하며 우는 자'들이 있습니다. 그 패역한 예루살렘 성읍에도 이런 사람들이 있었던 것입니다. 세상이 뒤집혀 있어도 이런 자들이 어딘가에 남아 있는 것 같습니다. 이런 사람들이라면 더 좋은 시대에 태어나야 어울릴 것 같은데, 무슨 영문인지 이런 어두운 때에 태어나 하루하루가 탄식의 나날입니다.

이 사람들은 왜 웁니까. 하나님의 뜻이 분명한데도, 동족들이 하나님을 외면하고 반대 방향으로 내달리는 것을 보기 때문입니다. 하필이면 이런 시대에 태어나 이 모든 일을 보게 됩니다. 주위를 보면 온통 탄식하며 울 일뿐인데, 이들의 삶에 무슨 좋은 것이 있겠습니까.

이스라엘 족속은 이제껏 하나님이 자기들을 보지 않으신다고 투덜거려 왔습니다. 버림받았다고 하나님에게 등 돌린 그들의 모습을 하나님은 선지자에게 계속 보이시며 말씀하십니다. '인자야, 이스라엘 족속이 행하는 일을 보느냐'(겔 8:6). '인자야 네가 보았느냐'(겔 8:12). '인자야 네가 그것을 보았느냐'(겔 8:15). '인자야 네가 보았느냐'(겔 8:17).

이스라엘은 내내 하나님이 자기들을 보지 않으신다고, 자기들을 버렸다고 해 왔는데, 하나님은 다 보고 있다고 누누이 말씀하시고 있습니다. 하나님이 다 보고 계십니다. 사람들은 하나님이 더는 보지 않으신다고 떠드는데, 하나님은 다 알고 계십니다.

그냥 알고만 계시는 것이 아닙니다. 하나님은, 당신의 편에 서서 하나님을 마음에 두어 슬픔으로 가득한 자들을 지켜 내신다고 합니다.

8 엎드려 부르짖어 이르되 아하 주 여호와여 예루살렘을 향하여 분노를 쏟으시오니 이스라엘의 남은 자를 모두 멸하려 하시나이까 (겔 9:8 하)

환상을 보고 선지자는 거의 쓰러질 듯합니다. 하나님에게 부르짖습니다. '여호와여, 이렇게 다 끝장나는 것입니까. 모두 멸하실 것입니까.' '남은 자'는 앞에서 나온 탄식하며 우는 자들인데, 이들까지 모두 몰살하실 것이냐고 묻는 것입니다. 하나님의 답이 이어집니다.

9 그가 내게 이르시되 이스라엘과 유다 족속의 죄악이 심히 중하여 그 땅에 피가

가득하며 그 성읍에 불법이 찼나니 이는 그들이 이르기를 여호와께서 이 땅을 버리셨으며 여호와께서 보지 아니하신다 함이라 10 그러므로 내가 그들을 불쌍히 여기지 아니하며 긍휼을 베풀지 아니하고 그들의 행위대로 그들의 머리에 갚으리라 하시더라 11 보라 가는 베 옷을 입고 허리에 먹 그릇을 찬 사람이 복명하여 이르되 주께서 내게 명령하신 대로 내가 준행하였나이다 하더라 (겔 9 : 9-11)

선지자의 부르짖음에는 답을 하지 않으시고, 유다를 다 쓸어버리겠다고 하시는 것 같습니다. 그러나 하나님은 그의 물음을 무시하지 않으십니다.

'보라'라고 하며 환상이 이어집니다. 베옷을 입고 먹 그릇을 찬 사람이 돌아와 보고하고 있습니다. '주께서 내게 명령하신 대로 내가 준행하였나이다.' 다 표시했다고 합니다. 한 사람도 애꿎게 몽둥이질에 휩쓸려 가지 않도록 다 표시했다는 것입니다.

이 사람의 존재 자체가 에스겔의 부르짖음에 대한 답입니다. 하나님은 누구도 그냥 도매금으로 넘기지 않으시고, 하나님의 사람들을 지키십니다. 당신의 진노로부터 그들을 지키십니다.

'탄식하며 우는 자'들에게 표시를 남기고 있습니다. 이들에게 이 사회를 바꾸고, 우상 숭배를 무너뜨렸느냐고 묻지 않습니다. 어쩌면 이들은 그럴 힘이 없는 무력한 사람들일지도 모릅니다. 사회에서는 이렇다 할 영향력도 발휘하지 못하고 그저 울고만 있는 이들을 하나님은 못 보지 않으십니다. 이들을 하나하나 챙기십니다.

하나님은 아주 작은 것을 보고 계십니다. 이들에게서 무엇을 보시는 것일까요. '네게 하나님은 누구냐'라는 질문에 대한 대답일 것입니다. 이들은 무력하고 눈에도 띄지 않으나 '하나님은 참으로 중요한 분입니다. 우리 인생의 중심이십니다'라고 고백하는 자들입니다. 이들은 하나님의 눈으로 자신의 현실을 보며, 그 시각을 기준 삼아 자기 인생을 바라보는 사람들입니다.

하나님 백성의 관심사

하나님은 이들을 다 지켜 낼 것이라고 말씀하십니다. 그러면 이들은 심판의 현장에서 다 살아남았을까요. 꼭 그런 것은 아닐 것입니다. 이들 역시 나라가 망하는 현장에서 많은 어려움을 겪을 것입니다. 그러면, 하나님이 지켜 주신다는 것은 무슨 뜻일까요. 여기서 신앙이 우리에게 던지는 질문을 다시 생각하게 됩니다.

하나님이 지켜 주신다는 것이 육체적 생명을 보존하는 것, 목숨을 구해 주는 것이냐고 묻는다면, 성경은 그런 것이 아니라고 분명히 말합니다. 성경이 말하는 구원은 육체를 포함하지만, 육체적 생명에 국한하는 것이 아닙니다.

성경 어디를 보아도 목숨을 구해 주는 일, 이 세상에서 목숨을 연명하게 하는 일에 하나님이 매달리신 적은 없습니다. 예수 그리스도께서는 이생의 삶을 지켜 내려고 목숨을 내놓으신 것이 아닙니다. 하나님은 겨우 육체적 생명이나 부지시켜 주려고 이스라엘과 언약을 맺으신 것이 아닙니다.

지금 우리는 무엇을 기대하며 하나님을 바라보고 있습니까.

우리가 생각하는 구원, 우리가 바라는 성공이란 어떤 것일까요. 우리가 사는 이 시대는 한 치 앞도 보이지 않는, 어려움이 가득한 시대라고 합니다. 구원받은 사람들의 성공이란 남들은 다 고생하는 이런 시대에도 혼자 살아남는 것일까요.

하나님의 백성이라면, 오히려 어려움에 함께해야 한다고 주님은 가르치셨습니다. 이 사람들은 하나님의 백성이어서, 지금 여기에서 탄식하며 울고 있는 것입니다. 진짜 백성이어서, 이런 시대에 하나님의 마음을 품고 자신의 현실을 바라보며 이 현실 한가운데서 하나님의 마음을 대변하고 있습니다.

하나님은 지금 이스라엘에게 짜증을 내거나 화풀이를 하시는 것이 아닙니다. 아내를 몹시 아끼고 사랑하나 신뢰를 받지 못하며 버림받은 남편은 마음에 피눈물이 날 것입니다. 이것이 하나님의 마음입니다. 여기 이 사람들이 눈물을 흘리며 하나님을 대변하고 있습니다.

그러니 기억합시다. 내 마음에 하나님이 중요하다는 것만은 분명한데, 내 인생은 어떻게 될 것인가 두렵다면 성경 말씀에서 답을 확인합시다. 하나님은 이런 이들의 모습을 세심히 보고 계십니다. 그리고 이들을 책임지십니다.

이들에게 임무가 남아 있으면, 이런 시대에도 그 일을 잘 감당하도록 하나님이 지키실 것입니다. 하나님을 대신하여 울며 자기 자리에서 버티고 있는 이들을 하나님이 지키십니다. 이들이 임무를 다했다면, 하나님이 당신 곁에 안전히 거하도록 불러 가실 것입니다. 우리 삶의 성패는 하나님 곁에 머무르느냐에 있습니다. 하나님과 함께든 아니든 지킬 것은 목숨이라고 생각한다면 우리는 멸망으로 내달리게 될 것입니다.

한 가지 질문을 다시 해 봅시다. '너는 구원받은 자라고 하는데, 하나님이 책임진다고 하시면 그분께 맡기고 살아야 하는 것 아니냐.' 하나님의 백성이라면, 하나님을 신뢰하고 살 것입니다.

이 시대의 신앙인들이 씨름하는 문제가 있습니다. '하나님이 나를 사랑하시는가.' 답은 이미 분명히 나와 있습니다. 그러니 물을 필요가 없는 질문입니다. 하나님이 사랑한다고 책에까지 적어 놓으셨으니 이 말씀을 신뢰하고, 나는 하나님의 사랑을 받은 자라고 이해하면 됩니다. 이렇게 하나님을 신뢰하고 살아가면 됩니다.

이스라엘 족속처럼 온갖 신들을 불러다 놓고 인생을 지속해 가려고 애쓰는 것은 우리 삶의 과제가 아닙니다. 하나님이 하나님의 사람으로 서 있으려고 하는 자들에게 말씀하십니다. '내가 책임지고 있으니 안심하고 살아라.'

행실이 부끄러워 하나님에게 내보일 것이 없고, 이 세상을 바꾸는 것은 꿈꿀 수도 없이 미약하다고 해도 괜찮습니다. 마음에 하나님이 참으로 중요하다면, 그래서 그분이 내 인생의 주인이라고 고백한다면, 하나님이 지키실 것입니다. '너를 보고 있고, 책임지고 있으니, 믿음으로 살아라. 하나님을 주인으로 모시는 너를 내가 지킬 것이다.' 우리의 마음속 고민, 고통, 걱정거리를 모두 그분의 손에 놓아 드리고, 하나님의 사랑에 힘입어 하루하루를 살아갑시다.

기도

하나님, 하나님께서 남편 되셔서 삶을 책임지겠다고 하시고 수백 년을 이스라엘과 함께하셨지만, 그들은 하나님을 믿고는 못 살겠다고, 하나님이 자기들을 버렸다고만 말하고 있습니다.

그들의 모습을 보며, 저희는 어떠한가 생각해 봅니다. 하나님께 구원의 은혜를 입었다고 입으로는 고백하면서도 하나님이 혹시 나를 버리신 것은 아닐까 묻고 있다면, 저희에게 믿음을 더하여 주시옵소서. 앞이 보이지 않는 하루하루가 계속된다고 할지라도, 우리를 사랑하셔서 구원하셨다는 하나님의 말씀을 붙잡고 용기를 내서 믿음으로 살아가게 하옵소서. 예수님의 이름으로 기도합니다. 아멘.

하나님의 영광이 성전을 떠나다

윤철규

15 그룹들이 올라가니 그들은 내가 그발 강 가에서 보던 생물이라 16 그룹들이 나아
갈 때에는 바퀴도 그 곁에서 나아가고 그룹들이 날개를 들고 땅에서 올라가려 할 때에
도 바퀴가 그 곁을 떠나지 아니하며 17 그들이 서면 이들도 서고 그들이 올라가면 이들
도 함께 올라가니 이는 생물의 영이 바퀴 가운데에 있음이더라 18 여호와의 영광이 성
전 문지방을 떠나서 그룹들 위에 머무르니 19 그룹들이 날개를 들고 내 눈 앞의 땅에
서 올라가는데 그들이 나갈 때에 바퀴도 그 곁에서 함께 하더라 그들이 여호와의 전으
로 들어가는 동문에 머물고 이스라엘 하나님의 영광이 그 위에 덮였더라 20 그것은 내
가 그발 강 가에서 보던 이스라엘의 하나님 아래에 있던 생물이라 그들이 그룹인 줄을
내가 아니라 21 각기 네 얼굴과 네 날개가 있으며 날개 밑에는 사람의 손 형상이 있으니
22 그 얼굴의 형상은 내가 그발 강 가에서 보던 얼굴이며 그 모양과 그 몸도 그러하며
각기 곧게 앞으로 가더라 (겔 10:15~22)

유다의 오해와 하나님의 결정

에스겔서 8장에서 10장에는 왜 예루살렘은 멸망할 수밖에 없는가, 그들의 죄악이 얼마나 큰가가 신랄하게 묘사되어 있습니다. 9장 3절을 봅시다. 여기부터는 하나님이 영광을 거두어 가시는 특별 조치를 취하십니다.

> 3 그룹에 머물러 있던 이스라엘 하나님의 영광이 성전 문지방에 이르더니 여호와
> 께서 그 가는 베 옷을 입고 서기관의 먹 그릇을 찬 사람을 불러 (겔 9 : 3)

하나님이 모세의 때에 성전을 만들라고 하셨습니다. 성전 입구

에는 뜰이 있습니다. 그리고 여러 방을 지나 안쪽으로 들어가면 대제사장만 들어갈 수 있는 지성소가 있습니다. 지성소 제일 깊은 안쪽에 언약궤가 자리 잡고 있습니다. 언약궤의 덮개는 그룹, 곧 두 천사가 서로 날개를 펼쳐 마주 대하고 있는 형상으로 장식되어 있는데, 전통적으로 이스라엘은 여호와께서 그 그룹 사이에 거하신다고 여겼습니다. 바로 거기가 주님이 보좌로 삼으시고 통치하시는 장소라고 여겼던 것입니다. 그런데 그런 그룹에 머물러 있던 하나님의 영광이 어떻게 됩니까. 지성소라는 깊숙한 곳에서부터 성전과 성전 외부를 경계 짓는 성전의 문지방으로 이동합니다.

이스라엘은 구약 성경에 나오는 하나님의 영광이라는 말을 전통적으로 '하나님의 임재', '하나님의 현전'으로 이해했습니다. 하나님이 어느 장소에서 당신을 나타내시면 그것이 바로 하나님의 영광입니다. 우리가 '하나님의 영광이 우리 삶에 풍성하기를 원합니다'라고 기도할 때가 있습니다. 그때 하나님의 영광이 드러나는 구체적인 방식은 무엇일까요? 어떤 조직이나 건물의 위대함이 아닙니다. 하나님의 '함께하심'이 바로 하나님의 영광입니다. 그것이 극명하게 드러난 증거가 바로 예수 그리스도의 성육신 사건입니다. 주께서 인간으로 이 땅에 현존하신 사건, 그것이야말로 하나님의 영광이 가장 잘 드러난 사건입니다.

그런데 지금 하나님의 영광이 그들 중에서 떠나가고 있다고 묘사함으로써 하나님이 유다 가운데 더는 거하지 않으신다고 합니다. 하나님의 영광이 함께하지 않는 유다와 이스라엘은 더 이상 아무 가치도 빛도 없는 허망한 존재가 됩니다. 10장 4절입니다.

> 4 여호와의 영광이 그룹에서 올라와 성전 문지방에 이르니 구름이 성전에 가득하며 여호와의 영화로운 광채가 뜰에 가득하였고 (겔 10 : 4)

여호와의 영광을 묘사할 때 하나의 사물로 묘사하지 않습니다. 인간이 눈으로 볼 수 있는 사물의 범위를 넘어선 구름, 광채로 묘사하고 있습니다. 2절에 나오는 '숯불'은 나무를 태우고 남은 조각 정도가 아니라 이글이글 불타오르는 불덩이라고 표현해야 맞을 것입니다. 그리고 이 불덩이가 어디에 쏟아집니까? 이스라엘에게 쏟아집니다. 이 일은 바벨론의 침공으로 유다가, 예루살렘과 성전이 무너지는 일을 통해 현실이 될 것입니다. 이 대목을 조금 더 자세히 살펴볼 필요가 있습니다.

> 5 그룹들의 날개 소리는 바깥뜰까지 들리는데 전능하신 하나님이 말씀하시는 음성 같더라 6 하나님이 가는 베 옷을 입은 자에게 명령하시기를 바퀴 사이 곧 그룹들 사이에서 불을 가져 가라 하셨으므로 그가 들어가 바퀴 옆에 서매 7 그 그룹이 그룹들 사이에서 손을 내밀어 그 그룹들 사이에 있는 불을 집어 가는 베 옷을 입은 자의 손에 주매 그가 받아 가지고 나가는데 8 그룹들의 날개 밑에 사람의 손 같은 것이 나타나더라 9 내가 보니 그룹들 곁에 네 바퀴가 있는데 이 그룹 곁에도 한 바퀴가 있고 저 그룹 곁에도 한 바퀴가 있으며 그 바퀴 모양은 황옥 같으며 10 그 모양은 넷이 꼭 같은데 마치 바퀴 안에 바퀴가 있는 것 같으며 11 그룹들이 나아갈 때에는 사방으로 몸을 돌리지 아니하고 나아가되 몸을 돌리지 아니하고 그 머

리 향한 곳으로 나아가며 **12** 그 온 몸과 등과 손과 날개와 바퀴 곧 네 그룹의 바퀴의 둘레에 다 눈이 가득하더라 **13** 내가 들으니 그 바퀴들을 도는 것이라 부르며 **14** 그룹들에게는 각기 네 면이 있는데 첫째 면은 그룹의 얼굴이요 둘째 면은 사람의 얼굴이요 셋째는 사자의 얼굴이요 넷째는 독수리의 얼굴이더라 (겔 10 : 5-14)

6절에 의하면 하나님이 '가는 베 옷을 입은 자'에게 명령하십니다. 그룹 사이에 있는 숯불을 취하라고 하십니다. 그리고 이후의 내용은 에스겔 1장과 2장에 묘사된 대목과 똑같습니다. 유다는 하나님의 임재, 하나님의 보좌를 특정한 지역과 공간, 자신들이 만들어 놓은 처소에 묶여 있는 것으로 생각했습니다. 당시 이방인들이 섬기는 신에 대해 이해하듯이 그들은 하나님도 시간과 공간의 한계 속에 머물러 있다고 생각했던 것 같습니다. 만일 그렇게 생각하고 있었다면 유다가 마음껏 우상을 숭배한 것이 이해가 됩니다.

성전 안에 왜 그토록 많은 이방 신들의 이름을 모신 제위와 그 신들의 형상을 두었을까요? 고대 세계에서는 정치와 종교가 분리되어 있지 않았습니다. 그래서 그들이 바벨론의 힘을 빌리고 싶었을 때는 바벨론의 신을 모시는 제위가 유행했을 것입니다. 성전의 깊숙한 곳에 애굽의 신들의 형상을 그려 놓고 그것을 향해 절하며 무엇을 빌었을까요?

애굽과 바벨론의 대치라는 복잡한 정치적 상황 속에서 예루살렘의 지도자들은 둘 중 어느 편에 서야 하는지에 대해 쉽지 않은 결정을 내려야 했습니다. 지금 우리 사회도 그렇고 동서고금을 막론하고 어느 사회나 그렇듯이 유다 사회도 양분되어 있었습니다. 정치 지도자들은 자신의 지위와 자기가 속한 집안이나 이익 집단의 필요에 따라 친애굽파와 친바벨론파로 나뉘었습니다. 친바벨론파는 바벨론의 신들을 모셔야 한다고, 친애굽파는 애굽의 신들을 모셔야 한다고 주장했을 것입니다. 각기 자신이 옳다고 생각하는 정치적 신념에 따라 이방신들을 섬기고, 그 신들이 자기들의 경배에 감동을 받아 자기들에게도 그 신들이 돌보는 제국이 받는 보호와 지원을 주기를 원했을 것입니다. 그렇게 여호와 하나님만을 섬겨야 하는 예루살렘 성전 안에서 온갖 잡다한 신들을 향한 종교 예식이 치러졌던 것입니다.

그런데 하나님의 언약 백성인 유다가 어떤 이유로, 다른 나라의 신들을 섬기는 종교 예식을 치르며 주술적인 몸부림을 하는 처참한 지경에까지 이르게 되었을까요? 하나님을 향한 제대로 된 이해가 없었기 때문입니다. 그들은 이렇게 생각했을 것입니다. '하나님은 예전 모세의 때에 애굽에서 우리를 구원해 주셨고 그분을 섬기는 신앙은 그때에는 유효한 것이었는지도 모르겠다. 그러나 우리 시대에는 맞지 않는다. 우리 시대에는 우리 시대에 맞는 새로운 사상, 새로운 종교, 새로운 제의가 필요하다. 새로운 신들이 필요하다. 이것이 첨단이며, 유행에 맞는 것이다. 이것이 우리의 안전을 보장받을 수 있는 유일한 길이다.'

그런데 에스겔을 통해 하나님이 계속해서 보여 주시는 내용이 무엇입니까. 에스겔서 초반에 그발 강가에서 보여 주신 환상의 내용을 떠올려 봅시다. 그 하나님의 임재의 영광이 가득한 것을 통해 하나님은 이렇게 말씀하시는 것입니다. '내가 예루살렘에만 머물러 있는 신인 줄 아느냐? 내가 예루살렘에 성전을 지으라고 하였다. 성전이라는 공간을 허락하고, 제사와 절기를 통해 시간을 거룩하게 구별하였다. 그것은 너희의 수준에 맞춰서 시공간 안에 나를 제한한 것이다. 그런데 눈에 보이는 성전, 눈에 보이는 제의에 내가 국한되는 존재라고 생각하느냐? 나를 인간이 만든 쇠붙이나 조형물, 우상의 수준으로 전락시키지 마라. 나는 그것을 용납할 수 없다. 그래서 나는 결단한다. 나의 영광이 예루살렘에만 머무는 것이 아니라, 온 열방에 가득한 것을 보여 주겠다. 너희가 어디에 있든지, 그곳이 예루살렘에서 아무리 멀리 떨어진 곳이라고 할지라도 나는 거기에도 임재하는 하나님이라는 사실을 알려 주겠다.'

환상 중 두드러지게 드러나는 이미지 중에 바퀴가 있습니다. 바퀴의 기능은 무엇입니까. 이동하는 것입니다. 그런데 그 바퀴가 천상적 존재인 그룹을 쫓아갑니다. 그룹은 여호와 하나님의 보좌를 쫓아갑니다. 이렇게 끊임없이 도는 바퀴의 환상은, 하나님은 예루살렘만이 아니라 애굽, 바벨론만이 아니라, 온 땅을 다스리시는 분이라는 것, 하나님은 특정한 시대만이 아니라, 바벨론 시대, 페르시아 시대, 그리스 시대, 로마 시대를 비롯한 모든 인류의 시간과 역사 속에서 마음껏 통치권을 행사하실 수 있는 분이라는 사실을 묘사하고 있습니다.

18절에서는 여호와의 영광이 성전을 떠나서 그룹들 위에 머무신다고 묘사합니다. 이어지는 구절에서는 하나님이 친히 당신의 백성을 다스리기 위해 이동하시는 장엄한 모습을 묘사하고 있습니다.

> 18 여호와의 영광이 성전 문지방을 떠나서 그룹들 위에 머무르니 19 그룹들이 날개를 들고 내 눈 앞의 땅에서 올라가는데 그들이 나갈 때에 바퀴도 그 곁에서 함께 하더라 그들이 여호와의 전으로 들어가는 동문에 머물고 이스라엘 하나님의 영광이 그 위에 덮였더라 20 그것은 내가 그발 강 가에서 보던 이스라엘의 하나님 아래에 있던 생물이라 그들이 그룹인 줄을 내가 아니라 21 각기 네 얼굴과 네 날개가 있으며 날개 밑에는 사람의 손 형상이 있으니 22 그 얼굴의 형상은 내가 그발 강 가에서 보던 얼굴이며 그 모양과 그 몸도 그러하며 각기 곧게 앞으로 가더라 (겔 10 : 18-22)

여호와의 영광이 성전을 떠나는 이유

그런데 지성소에 머무셨던 하나님의 영광이 성전 동편에서 완전히 떠나시기 전에, 에스겔에게 한 번 더 확인시켜 주시는 내용이 있습니다.

> 1 그 때에 주의 영이 나를 들어올려서 여호와의 전 동문 곧 동향한 문에 이르시기로 보니 그 문에 사람이 스물다섯 명이 있는데 내가 그 중에서 앗술의 아들 야아사냐와 브나야의 아들 블라댜를 보았으니 그들은 백성의 고관이라 2 그가 내게 이르시되 인자야 이 사람들은 불의를 품고 이 성 중에서 악한 꾀를 꾸미는 자니라 3 그들의 말이 집 건축할 때가 가깝지 아니한즉 이 성읍은 가마가 되고 우리는

고기가 된다 하나니 4 그러므로 인자야 너는 그들을 쳐서 예언하고 예언할지니라

(겔 11:1-4)

1절에 나온 스물다섯 명의 고관은 성전을 섬기거나 예루살렘에서 중요한 직책을 감당하는 이들이었을 것입니다. 그들 중에 일부가 악한 꾀를 꾸미고 있다고 합니다. 3절의 의미가 좀 불분명하지만 여러 성경 학자들의 의견을 종합해 보면 이런 뜻입니다. 고관들이 서로 이렇게 이야기합니다. '지금은 전쟁을 앞두고 있으니 우리가 아직 집을 짓거나 살 때가 아니다. 전쟁이 나면 대부분의 사람들은 죽임을 당할 것이다. 하지만 우리는 괜찮을 거다. 그러니 안심하자.' 그들은 유다에서 중요한 요직을 감당하고 있으니, 설령 많은 이들이 전쟁에서 죽고, 재산을 약탈당할지라도 자신들만은 괜찮을 거라고 생각한다는 겁니다. 유진 피터슨의 《메시지》에서는 이 대목을 이렇게 번역합니다. '저들은 말한다. 우리는 못할 일이 없다. 우리가 최고다. 고깃국 그릇 속에 든 특등심이다'(유진 피터슨, 《메시지》, 복있는사람, 겔 11:2-3). 그런 그들에게 주님이 무엇이라고 말씀하십니까. 유진 피터슨의 《메시지》에서 인용하겠습니다.

그러므로 주 하나님께서 말씀하신다. '너희가 거리마다 쌓아 놓은 시체들이 바로 고기요, 이 도성은 가마솥이다. 그런데 너희는 이 가마솥 속에도 들어 있지 않다! 내가 너희를 밖으로 던져 버릴 것이다! …… (중략) …… 이 도성은 너희에게 가마솥이 되지 않을 것이며, 너희 또한 그 속에 든 특등심이 되지 못할 것이다. 천만

의 말씀이다. 내가 이스라엘의 국경에서 너희를 심판할 것이며, 그제야 너희는 내가 하나님인 줄 알게 될 것이다. 이는 너희가 나의 율례와 규례를 따르지 않았기 때문이다. (같은 책, 겔 11:7-12 중)

그 고관들은 다른 힘없는 이들의 생명을 하찮게 여기고 심지어 죽이기까지 했는데, 심판 날에 그 성에서 보존되는 사람들, 제일 안전한 사람들은 그들이 학대한 그 사람들이라고 주님이 말씀하시는 것입니다. 이런 내용은 예레미야서나 아모스서에서도 강조되어 있습니다. 주님이 고관들에 대해서 왜 그렇게 화를 내실까요?

나라는 백성을 위해서 존재해야 합니다. 하나님이 율법을 주신 이유도 백성들 때문입니다. 언약 백성들 한 명 한 명의 삶이 존중받기를 원하신 것입니다. 우상을 숭배하지 말라는 명령도 그들이 우상의 모습을 반영하는 야만스러운 삶이 아니라, 하나님의 형상인 참다운 인간의 모습으로 살아가기를 원하셔서 주신 것입니다. 그러려면 그에 걸맞게 사회 시스템이 작동해야 합니다. 법이 그렇게 작동해야 합니다. 그런 맥락에서 정치권력이 특정한 왕과 소수의 고관들에게 허락된 것이지, 이스라엘 사람들이 애굽에서 노예 생활을 할 때, 바로가 그랬던 것처럼 자신의 동족들을 착취하고 무너뜨리라고 국가 시스템이나 권력이 주어진 것이 아닙니다. 자신의 동족이라면, 언약의 백성들이라면, 아무리 힘이 없고 가난하고 보잘것없는 이들이라도 보호하고 그들의 생명을 지속시키고 그들이 후손을 낳게 하여 언약 백성으로서의 고귀함을 유지하며 책임을 다하는 삶을 살 수 있도록 국가

시스템이 필요한 것입니다.

그런데 그런 국가 시스템 속에서 권력의 정점에 있는 사람들이 마치 모세 때의 바로처럼 하나님의 언약 백성들을 죽이는 일에 앞장서는 것입니다. 그래서 하나님이 이런 꼴을 더는 볼 수 없다고 외치십니다. '이런 행위가 벌어지는 예루살렘 성을 보고도 내가 그들을 가만둔다면, 과연 공의로운 하나님이라고 할 수 있겠느냐.' 이렇게 에스겔에게 묻고 계시는 것입니다. "엄청난 불의와 온갖 악독한 일을 저지르면서, '우리는 하나님에게 제사를 드리니 아무 문제없다'며 자신만만한 태도로 가증하게 나를 예배하러 오는 저들을 왜 내가 계속 성전에서 맞이해야 하느냐. 어차피 저들은 이 성전 안에 즐비한 온갖 우상들을 섬기려고 이곳에 오는 것이 아니냐. 이런 꼴을 보고도 내가 성전을 그냥 둘 수 있겠느냐." 주님이 지금 에스겔과 에스겔을 찾아온 유다의 장로들에게 이렇게 말씀하시는 것입니다. 그리고 답하십니다. "나는 그렇게 할 수 없다. 나는 영광 가운데 있는 여호와이기 때문이다."

바퀴 사이에 있는 숯불을 들어서 유다에 부으시는 심판, 곧 바벨론에 의해 유다가 쑥대밭이 되는 일은 하나님이 그들과의 언약을 무시하거나 기억하지 못하거나, 혹은 하나님에게 능력이 없어서 벌어지는 일이 아닙니다. 하나님이 시간과 공간의 제한을 받아서 그런 것도 아닙니다. 하나님만이 유일하신 신입니다. 그 누구도 감히 하나님을 대적할 수 없습니다. 그러니 이 일은, 하나님이 이스라엘과 유다와 당신의 백성에게 요구하시는 내용이 얼마나 엄중한가를 분명하게 반증하는 일이 아니겠습니까.

이제 여호와의 영광이 다시 이동합니다. 11장 22절부터 보겠습니다.

> 22 그 때에 그룹들이 날개를 드는데 바퀴도 그 곁에 있고 이스라엘 하나님의 영
> 광도 그 위에 덮였더니 23 여호와의 영광이 성읍 가운데에서부터 올라가 성
> 읍 동쪽 산에 머무르고 24 주의 영이 나를 들어 하나님의 영의 환상 중에 데리
> 고 갈대아에 있는 사로잡힌 자 중에 이르시더니 내가 본 환상이 나를 떠나 올라
> 간지라 25 내가 사로잡힌 자에게 여호와께서 내게 보이신 모든 일을 말하니라
> (겔 11 : 22-25)

지성소 안에 있었던 하나님의 임재, 하나님의 현존의 상징, 하나님의 영광이 성전 문지방을 빠져나와 성전 동쪽으로 가서 예루살렘 동쪽에 있는 산 위에 머물러 있습니다. 여호와의 영광이 성전을 완전히 떠나갔습니다.

성전이 있는 곳에서 수천 리 떨어진 곳, 에스겔의 골방에서 지금 이 무서운 이야기를 듣고 있는 유다의 장로들은 억장이 무너졌을 것입니다. 간담이 서늘해졌을 것입니다. '에스겔의 말대로 정말 여호와의 영광이 성전을 떠났다면, 우리에게는 희망이 없다. 우리는 이제 끝났다.'

마음을 요구하시는 하나님

그런데 예루살렘의 총체적 부패를 지적하는 11장 1절에서 13절까

지의 말씀과 여호와의 영광이 성전을 완전히 떠났다는 22절부터
의 말씀 사이에 어떤 이야기가 있는지 아십니까? 에스겔의 예언
에는, 하나님의 영광이 성전을 떠났고 하나님이 소돔과 고모라
를 불로 태워 버리셨듯이 유다에게 숯불을 쏟아부으실 것이라는
경고만 있지 않습니다. 14절부터 보겠습니다.

> 14 여호와의 말씀이 내게 임하여 이르시되 15 인자야 예루살렘 주민이 네 형제 곧
> 네 형제와 친척과 온 이스라엘 족속을 향하여 이르기를 너희는 여호와에게서 멀
> 리 떠나라 이 땅은 우리에게 주어 기업이 되게 하신 것이라 하였나니 16 그런즉
> 너는 말하기를 주 여호와의 말씀에 내가 비록 그들을 멀리 이방인 가운데로 쫓아
> 내어 여러 나라에 흩었으나 그들이 도달한 나라들에서 내가 잠깐 그들에게 성소
> 가 되리라 하셨다 하고 (겔 11 : 14-16)

이렇게 말씀하시는 것입니다. "눈에 보이는 성소는 사라진다. 그
러나 나는 움직이는 여호와다. 나는 시공간의 제한을 받지 않는
하나님이다. 나는 바벨론에서, 그 회중들 속에서 여전히 그들의
하나님이기를 멈추지 않을 것이다." 실제로 유다는 바벨론 포로
기간에 그곳에서 회당을 만들고, 율법을 연구하고 가르치면서
그들이 하나님과 언약 관계에 있다는 사실을 성전이 있었을 때
보다 더욱 깊이 그들의 문화와 의식에 각인시킵니다.

> 17 너는 또 말하기를 주 여호와의 말씀에 내가 너희를 만민 가운데에서 모으며 너
> 희를 흩은 여러 나라 가운데에서 모아 내고 이스라엘 땅을 너희에게 주리라 하셨

다 하라 18 그들이 그리로 가서 그 가운데의 모든 미운 물건과 모든 가증한 것을
제거하여 버릴지라 (겔 11:17-18)

"너희가 나보다 더 중요하게 생각했던 것, 너희가 사람들 앞에서
자랑으로 생각했던 것들을 제하여 버리고 내 앞에 온전히 서라.
여호와의 영광을 구하라." 주님이 말씀하십니다. 그리고 감격스
러운 구절이 이어집니다.

19 내가 그들에게 한 마음을 주고 그 속에 새 영을 주며 그 몸에서 돌 같은 마음을
제거하고 살처럼 부드러운 마음을 주어 20 내 율례를 따르며 내 규례를 지켜 행하
게 하리니 그들은 내 백성이 되고 나는 그들의 하나님이 되리라 (겔 11:19-20)

하나님의 요구는 얼마나 깊습니까. 구약 성경에서 계속 요구하
고 있는 것입니다. 단지 율법과 절기를 지키면 그만이 아닙니다.
단지 예배 시간에 나와서 찬양 잘 드리고, 헌금 잘하고, 이런저
런 봉사 잘하면 그만이 아닙니다.

하나님이 끊임없이 살펴보시는 것은 이것입니다. '네 마음 안
에 무엇이 있느냐. 너는 누구냐. 예배 시간에 나와 있는 '너' 말
고, 여기서 찬양하는 '너' 말고, 진짜 네 삶에서, 네 인생에서, 너
는 나를 누구라고 생각하느냐. 내가 만약에 참 신이 아니라면,
내가 네 마음과 네 육신과 네가 살고 있는 세계를 창조한 하나
님이 아니라면 네가 어떻게 하든 상관없을 것이다. 그냥 여기 와
서 제사만 잘 지내고, 절기만 잘 지키면 그만일 것이다. 그러나

나는 너희를 만든 여호와다. 내가 단지 그 정도 대우를 받으려고 너희를 언약 백성으로 부른 것이 아니다. 나는 너희가 온 마음으로 따르고 섬기고 사랑해야 하는 여호와 하나님, 유일한 신이다.' 이런 하나님의 요구가 유다를 포로로 잡혀가게 한 것입니다. 유다가 포로로 잡혀가는 일을 감수하시면서까지 유다에게 마음을 요구하십니다. 11장 5절은 하나님이 우리의 마음을 요구하신다는 사실을 잘 드러내고 있습니다.

> 5 여호와의 영이 내게 임하여 이르시되 너는 말하기를 여호와의 말씀에 이스라엘 족속아 너희가 이렇게 말하였도다 너희 마음에서 일어나는 것을 내가 다 아노라
>
> (겔 11 : 5)

주님은 우리의 마음속 깊은 곳을 살피시는 분이십니다. 그러니, 유다는 하나님의 숯불로 철저하게 멸망하는 것 같지만 그 숯불을 통해서 새로운 존재로 거듭나게 될 것입니다. 하나님의 요구는, 우리가 단지 종교의 외적 조건만 잘 갖추면 그만인 정도가 아닙니다. 우리가 마음속 깊은 곳에서부터 하나님을 경외하고 따르며 그분을 사랑하고 그분을 사랑하는 사람답게 사는 것입니다.

기만과 체념을 넘어 새로운 존재로

2004년에 방영되었던 〈KBS스페셜, 도자기〉라는 다큐멘터리를 보면 이런 이야기가 나옵니다. 가마에서 흙을 구워 도자기를 만

듭니다. 그런데 자연 상태에서 불을 때면, 기껏해야 섭씨 600도에서 800도 정도로 구울 수 있다고 합니다. 그렇게 구워진 토기는 여전히 흙의 성질을 가지고 있습니다. 그래서 거기에 물을 부으면 물이 새기도 합니다. 이를 보완하여 과거에 중국이 오랫동안 전 세계에 수출했던 아주 훌륭한 상품이 있는데 바로 '도자기'입니다. 도자기는 가마의 온도가 적어도 1,250도에서 1,300도는 돼야 만들어질 수 있다고 합니다. 또한 고령토라고 하는 특별한 흙을 써야만 그 온도를 감당할 수 있고 그래야 좋은 도자기가 만들어집니다. 도자기는 흙의 성질이 아닌 유리의 성질을 가지고 있습니다. 고온의 가마에서 그 근본 성질이 바뀌어 버리는 것입니다. 도자기를 만들 때 특별한 흙을 사용하고, 가마의 온도를 1,250도 이상으로 끌어올리는 것이 예전에는 매우 특별한 기술이었기 때문에 중국이나 고려의 도자기가 전 세계적으로 주목을 받았던 것입니다.

주님은 이스라엘을 그저 그런 토기 그릇으로 만들려고 부르지 않으셨습니다. 고귀한 도자기 그릇으로 만들려고 하셨습니다. 문제는 도자기가 되려면 흙의 성분이 완전히 바뀌도록 말도 안 되는 고온을 견뎌야 한다는 것입니다. 그런 과정이 없이는 청자나 백자가 될 수 없습니다.

유다의 장로들은 '하나님은 왜 유다를 선택하셨을까?'라는 질문을 계속 되뇌었을 것입니다. 차라리 애굽이나 바벨론의 백성으로 태어났으면 좋았겠다고 생각했을 것입니다. 하나님에게 선택받아 이 무슨 고생일까요. 하나님 비위를 맞춰 드리기란 쉽지 않다고 느꼈을 것 같습니다. 우상들과는 차원이 다릅니다. 제사만 지내면 그만이 아니라 마음속 깊은 것까지 원하신다고 하니 말입니다. 그러나 하나님은 밀어붙이는 과정을 통해 유다를 평범한 토기에서 백자나 청자 같은 자기로 바꾸어 가십니다.

그러한 일들이 우리 삶에도 일어나고 있습니다. 에스겔서나 요한계시록이나 다니엘서 같은 묵시의 말씀을 읽을 때, 감수성이 이상한 방향으로 발달한 어느 독자들은 말씀을 자기 시대에서 벌어지는 일과 연관하여 해석하곤 합니다. 자기가 사는 동안에 세상의 역사가 완전히 끝날 것이라고 생각한 이들이 교회 역사에 상당히 많습니다. 그들은 성경을 자기들이 보고 싶은 대로 보고, 믿고 싶은 대로 믿습니다. 에스겔서도 과도한 종말주의자들에 의해서 시한부 종말론같이 자주 오용되곤 했습니다. 그런데 생각해 보면 어느 시대나 완벽한 시대는 없습니다. 놀라운 기적이 일어나고 부흥이 일어나며 사람들의 마음이 온통 기대감으로 가득 차는 일은 어떤 운동이 시작될 때나 새로운 시대가 열릴 때 말고는 잘 일어나지 않습니다. 대부분의 시대에서는 요즘 우리가 보내는 일상처럼 이게 뭔가, 하는 지리멸렬한 시간을 보내기 마련입니다.

요즘 한국 교회에서 일어나는 여러 가지 난감한 일들을 보면서 신자들은 크게 두 가지 태도 중 하나를 선택하는 것 같습니다. 하나는, 저런 건 우리 교회와는 다른 얘기니까, 라고 하며 외면해 버리는 태도입니다. 현실에 대해 눈을 감아 버립니다. 기만입니다. 다른 하나는, 그런 이야기들에 너무 집중한 나머지 더는 교회에 희망이 없다고 하며 체념하고 절망해 버리는 것입니다. 한쪽에는 체념과 절망이 있습니다. 다른 한쪽에는 기만과 외면이 있습니다. 그런데 예언서를 비롯한 성경은 그 양쪽을 다 거부합니다. 우리는 여전히 소망을 품을 수밖에 없다, 우리는 현실에 대해서 눈을 감지 않겠다, 라고 말합니다.

잘못된 것은 잘못된 것입니다. 오늘날 우리에게도 유다 백성들이 저질렀던 죄악의 모습들이 넘쳐 납니다. 우리는 '특등심'이야, 너희는 썩거나 불타도 우리는 괜찮을 거야, 하는 특권 의식을 가진 사람들이 교회에 있습니다. 그런 사람들이 사회의 정치와 경제 영역에 있는 유력한 이들과 결탁하여 신앙의 이름으로 가장 오염되고 구린내 나는 짓거리들을 일삼는 모습을 주변에서 자주 볼 수 있습니다. 거기에 눈을 감아서는 안 됩니다.

하나님의 영광만이 드러나야 될, 하나님의 임재와 그분의 말씀만이 드러나야 될 설교단과 교회 공동체 안에서 인간이 높임을 받고, 사람의 술수가 경배를 받는 일들을 우리가 얼마나 많이 보고 있습니까. 하나님을 위한다는 명분으로, 자신과 자신의 가족과 자신이 속한 이익 집단의 이익만을 추구하며 하나님을 팔아먹는 '종교 장사꾼'들이 이 시대의 교회 안에 얼마나 많습니까. 목사들 중에, 장로들 중에 그런 이들이 얼마나 많습니까. 그런 일에 대해 눈을 감아서는 안 됩니다.

그런데 반대의 경우도 만만치 않게 주의해야 합니다. '그래, 결국 세상에는 선한 게 하나도 없지. 교회에 무슨 소망이 있는가. 나는 오늘부터 교회를 끊어야겠다' 하며 인생과 역사에는 아무 의미가 없다면서 허무와 체념과 절망 가운데 있는 것 또한 옳은 태도가 아닙니다.

부패와 타락과 못난 짓들은 인류와 교회 역사에서 언제나 반복되었던 일들입니다. 종교 권력이 세속 권력과 결탁되지 않았던 적이 있습니까. 언제나 교회 안에서도 힘과 재력과 권력이 있는 사람들이 그렇지 않은 사람들보다 훨씬 더 대우받고 인정받습니다. 그렇지 않았던 적이 없습니다. 아마 주님이 오시는 날까지 우리가 겪어야만 하는 주요하고 현실적인 도전일 것입니다.

그런데 주님은 그 일들을 최후의 완성에 이르기까지 계속 두고만 보지 않으십니다. 때로는 주의 영광을 위해서 하나님이 교회를, 백성들을 심판하시는 것 같은 일들이 우리에게 개인적으로나 공동체적으로나 시대적으로 벌어지기도 합니다. 그런 날들이 옵니다. 그런 심판이 있습니다. 어쩌면 우리가 살고 있는 이 시대에 그렇게 행하실지도 모르겠습니다. 숯불이 쏟아지는 것 같은 시대를 살아야 할지도 모릅니다.

하지만 그런 상황 속에서도 우리는 희망을 잃지 않을 수 있습니다. 무엇에 근거해서 그런 일이 가능할까요? 하나님은 시간과 공간을 넘어서 다스리시는 분이라는 사실과 훌륭한 도공이신 그분의 손길 아래에서 우리는 보다 나은 존재로 바뀌어 갈 것이라는 기대가 있기 때문입니다. 그런 기대가 막연한 것이 아니라고 내세울 수 있는 구체적이고 확실한 증거가 있습니다. 바로 우리의 구주이신 예수 그리스도께서 십자가에 죽으시고 부활하시고 승천하시고, 성령을 보내셔서 제자들을 통해 일으키신 일들이 성경에 기록되어 있다는 사실입니다.

그러니 눈을 감지 말고, 기만으로 현실을 속이려 하지도 맙시다. 반대로 현실이 주는 무게에 짓눌려서 자신의 인생을 허무함 가운데로, 절망과 체념 가운데로 몰아가지 맙시다. 우리 주님과 같이, 주님이 부르셨던 수많은 믿음의 선배들과 같이, 불길이 넘쳐 나서 견디기 어려운 시대나 버티기 힘든 우리 인생에서 하나님이 만들어 내고자 하시는 것이 너무나 크다는 사실을 기억합시다. 우리는 특정 온도 이상으로 올라가면 불길 속에서 사라질 그저 그런 평범한 흙이 아닙니다. 불길이 거세면 거셀수록 새로운 존재, 고려청자 같은 영롱한 빛을 내는 최상급 도자기로 변모할 가능성을 가진 존재입니다. 그러니 이 길을 기꺼이 걷겠다고 다짐하는 우리가 되기를 주님의 이름으로 권면합니다.

기도

하나님 아버지, 감사합니다. 우리가 사는 시대, 또 각 개인이 처한 현실은 언제나 만만치가 않습니다. 그래서 삶에 닥쳐오는 도전들에 대해 비겁한 방식으로 대응하고 싶어지기도 합니다. 기만과 회피로 또는 절망과 체념으로 마음을 가득 채우려는 유혹에 빠지기도 합니다. 그러나 주께서 이 모든 과정을 통해 하나님이 원하시는 목적과 내용으로 우리를 이끄시는 줄 믿습니다. 주께서 주님의 백성들을 기르시고, 정결하게 하시고, 완성해 가십니다. 주께서 목적하신 때가 이르면, 세상은 알지 못하는 부활의

영광으로 우리 모두가 새로운 존재로 변모할 것이라는 성경의
약속을 굳게 붙잡고 그 일이 현실이 되기를 소망합니다.

　그러니 주의 성령께서 우리 모두의 마음에 역사하여 주옵소
서. 하나님을 향한 믿음을 놓지 않도록 하옵소서. 주여, 우리에게
힘과 용기와 지혜를 더하여 주옵소서. 우리 구주 예수 그리스도
의 이름으로 기도합니다. 아멘.